MARCO POLO

NIEDERLANDE

Reisen mit Insider Tipps

> Dies ist ein Land der kurzen Wege. In einer halben Stunde bin ich am Strand, in zehn Minuten stehe ich mit den Skates auf meinem Lieblingsdeich. Was will ich mehr?

MARCO POLO Autorin
Elsbeth Gugger

(siehe S. 138)

Das passt:
Der MARCO POLO Sprachführer Niederländisch

Weitere MARCO POLO Titel:
Amsterdam, Niederländische Küste, Flandern, Brüssel

Spezielle News, Lesermeinungen und Angebote zu den Niederlanden:
www.marcopolo.de/niederlande

NIEDERLANDE

> SYMBOLE

Insider Tipp MARCO POLO INSIDER-TIPPS
Von unserer Autorin für Sie entdeckt

★ MARCO POLO HIGHLIGHTS
Alles, was Sie in den Niederlanden kennen sollten

SCHÖNE AUSSICHT

HIER TRIFFT SICH DIE SZENE

> PREISKATEGORIEN

HOTELS

€€€	über 120 Euro
€€	70–120 Euro
€	bis 70 Euro

Die Preise gelten für ein Doppelzimmer mit Frühstück in der Saison

RESTAURANTS

€€€	über 23 Euro
€€	16–23 Euro
€	bis 16 Euro

Die Preise gelten für ein Hauptgericht ohne Getränke

> KARTEN

[120 A1]	Seitenzahlen und Koordinaten für de Reiseatlas Niederlande und die Kart von Amsterdam
[U A1]	Koordinaten für die Karte Den Haag im hinteren Umschlag
[0]	außerhalb des Kartenausschnitts

Zu Ihrer Orientierung sind auch die Orte mit Koordinaten versehen, die nicht im Reiseatlas eingetragen sind

INHALT

> SZENE

S. 12–15: Trends, Entdeckungen, Hotspots! Was wann wo in den Niederlande los ist, verrät der MARCO POLO Szenescout vor Ort

> 24 STUNDEN

S. 100/101: Action pur und einmalige Erlebnisse in 24 Stunden! MARCO POLO hat für Sie einen außergewöhnlichen Tag in Rotterdam zusammengestellt

> LOW BUDGET

Viel erleben für wenig Geld! Wo Sie zu kleinen Preisen etwas Besonderes genießen und tolle Schnäppchen machen können:

Zoll- und steuerfrei ins Zoll- und Steuermuseum S. 41 | Gratisjazz von Groningens Musikdozenten S. 64 | „Kuckroute": Tag der offenen Tür bei Amersfoorts Kunstschaffenden S. 74 | Eintritt frei: Gedenkstätte Kamp Vught S. 86 | Ganz umsonst: nostalgische Bierreklame in Breda S. 92

> GUT ZU WISSEN

Was war wann? S. 10 | Blogs & Podcasts S. 19 | Spezialitäten S. 26 | Bücher & Filme S. 68 | Klub Lange Mensen S. 78 | www.marcopolo.de S. 108 | Was kostet wie viel? S. 109 | Wetter in Amsterdam S. 112

AUF DEM TITEL
Mit dem Flüsterboot durch das Sumpfgebiet S. 77
Spektakuläre Architektur: die Kubushäuser in Rotterdam S. 51

ENTDECKEN SIE DIE NIEDERLANDE!

Unsere Top 15 führen Sie an die traumhaftesten Orte und zu den spannendsten Sehenswürdigkeiten

Die Highlights sind in der Karte auf dem hinteren Umschlag eingetragen

1 Blumenausstellung im Keukenhof in Lisse
Tulpen, Narzissen, Margeriten und Rosen stehen von März bis Mai im berühmtesten Garten der Niederlande zwischen Haarlem und Leiden in voller Blüte (Seite 22)

2 Rijksmuseum
Rembrandts „Nachtwache" und zahlreiche andere Bilder alter Meister lohnen den Besuch im wichtigsten Museum des Landes in Amsterdam (Seite 34)

3 Van-Gogh-Museum
Nirgendwo auf der Welt sind so viele Werke von Vincent van Gogh zu sehen wie in dem modernen Museum in Amsterdam (Seite 34)

4 Mauritshuis
Im Königlichen Gemäldekabinett in Den Haag hängen berühmte Werke holländischer und flämischer Meister (Seite 40)

5 Kinderdijk
Kaum ein Motiv in Holland wird so oft fotografiert wie das Spalier der 19 Windmühlen in der Nähe von Dordrecht (Seite 44)

6 Käsemarkt
Schon seit 400 Jahren ist Freitag Käsetag in Alkmaar (Seite 60)

7 Zuiderzeemuseum
Gucken Sie in Enkhuizen dem Segelmacher und dem Seiler bei der Arbeit zu (Seite 62)

> DIE BESTEN MARCO POLO HIGHLIGHTS

8 Groninger Museum
Regionale Geschichte, moderne Kunst und Wechselausstellungen in den spektakulärsten Museumsräumen der Niederlande (Seite 62)

9 Ameland
Seltene Vögel flattern Ihnen um den Kopf, wenn Sie auf der Insel im Wattenmeer in die Pedale treten (Seite 67)

10 Kröller-Müller-Museum
Ein Juwel für Liebhaber moderner Kunst im größten Nationalpark der Niederlande (Seite 74)

11 Nieuw Land Erfgoed Centrum
Eine Schulstunde in Lelystad, die Spaß bringt: So macht man aus Wasser Land! (Seite 76)

12 Bootsrundfahrt
Bei der Rundfahrt durch's-Hertogenbosch fahren die Schiffe nicht nur unter Brücken durch, sondern teilweise sogar unter den Häusern (Seite 82)

13 St.-Pietersberg-Grotten
Es ist kalt, der Mergel bröckelt – trotzdem ist dieser Tag unter Tage in Maastricht ein Erlebnis (Seite 84)

14 Delta-Expo Neeltje Jans
Mit den Deltawerken haben die Niederländer den Nordseefluten den Kampf angesagt (Seite 94)

15 Domburg
Das alte Seebad ist berühmt für sein spezielles Licht – schon Piet Mondrian ließ sich hier inspirieren (Seite 94)

Tulpenfeld in Nordholland

AUFTAKT

> Weitläufige Strände und unzählige Flüsse, Kanäle und Seen: In den Niederlanden treffen Strandurlauber und Wassersportler auf geradezu paradiesische Bedingungen. Das flache Land besitzt zudem eine tolle Infrastruktur an Radwegen. Kunstinteressierte erfreuen sich an weltberühmten Bildern, an Delfter Fayencen und zeitgenössischem Design, an historischen Patrizierhäusern und innovativer Architektur. Spuren der alten Seefahrerromantik und moderne Containerhafenanlagen vermitteln einen Hauch von Abenteuer und Fernweh, und exotische Straßenbilder ergänzen das klassische Tulpen-Käse-Windmühlen-Erlebnis.

> „Wenn ich an Holland denke, sehe ich breite Flüsse träge durch unendliches Flachland fließen." Die erste Strophe dieses Gedichts von Hendrik Marsman kennt jedes niederländische Schulkind. Wasser spielt in diesem Land eine wichtige Rolle – das von oben und das Wasser in den zahlreichen Flüssen und Seen, Grachten und Kanälen, die das Land wie ein feinmaschiges Netz überziehen. Schließlich strömen hier der aus Deutschland kommende Rhein und die Maas aus Belgien quer durchs Land, um bei Rotterdam ins Meer zu münden.

Diese beiden Flüsse trennen die Niederlande gleichsam in zwei Teile. Während die Bevölkerung in den Gebieten *boven de grote rivieren* (oberhalb der großen Flüsse) hauptsächlich protestantisch geprägt ist, gelten die Menschen im katholischen Süden *(beneden de grote rivieren)* als Lebensgenießer, die gerne gut essen und trinken, Karneval feiern und im Allgemeinen unbeschwerter sind als die Bewohner der Nordprovinzen.

Wichtig ist auch die Nordsee, deren Strände eine große Anziehung auf die Touristenschar ausüben. Aber die Niederländer mussten sich immer auch vor dem Wasser schützen, denn Teile des 42 000 km^2 großen Gebiets der Niederlande liegen unter dem Meeresspiegel. Im Mittelalter bauten die Menschen ihre Behausungen auf Erdhügeln, die sie untereinander mit Dämmen und Deichen verbanden. Trotzdem kam es immer wieder zu Flutkatastrophen.

> *Charakteristisch für das Land ist der weite Horizont*

Ein besonders schwerer Orkan verursachte 1916 so immense Schäden, dass man sich entschloss, die Zuiderzee mit einem Damm abzuschließen, der die ehemalige Meeresbucht in den Süßwassersee IJsselmeer verwandelte. (Die niederländische *zee* entspricht dem deutschen Meer, während *meer*

Wenn die Wellen weichen: Wattwandern in Westfriesland

einen See meint.) Der zweispurige, 30 km lange und 90 m breite *Afsluitdijk* mitgroßzügigen Radwegen und einer Durchfahrtmöglichkeit für Schiffe wurde 1932 eröffnet.

In all den Jahrhunderten haben sich die Niederländer nicht nur gegen die Fluten gewehrt, sondern rangen dem Wasser auch immer wieder Land ab. Sie haben Seen trockengelegt, mit Hilfe von Windmühlen Wasser aus den unter dem Meeresspiegel liegenden Gebieten abgepumpt und Teile des IJsselmeers eingepoldert. Manche städtische Ansiedlung befindet sich jetzt dort, wo einst Wasser war. Typisch für die Polderlandschaft ist nicht nur das Topfebene, sondern auch der weite Horizont, der charakteristisch für das ganze Land ist. Allerdings ist es nicht überall so platt: Im südlichsten Zipfel, beim deutsch-holländisch-belgischen Dreiländereck in der Provinz Limburg, erheben sich sanfte Hügel.

Der kulturelle, historische und wirtschaftliche Schwerpunkt des Landes liegt in Holland, womit streng genommen nur die beiden westlichen Provinzen Noord- und Zuid-Holland gemeint sind. Zum Königreich der Niederlande gehören aber außer den Niederländischen Antillen und Aruba in der Karibik (den letzten Überbleibseln der Kolonialmacht Holland) und dem bereits erwähnten Südzipfel Limburg noch neun weitere Provinzen: Friesland und Groningen im Norden, Drenthe, Overijssel und Gelderland im Osten, Flevoland und Utrecht im Zentrum sowie Noord-Brabant und Zeeland im Süden und Südwesten.

> *Wasser spielt in diesem Land eine wichtige Rolle*

Der weite Horizont, so behaupten viele, findet auch in der Mentalität seinen Niederschlag: Hier ist man weltoffen und neugierig und verschließt die Türen nicht vor Fremden. Denn schon immer kamen Unterdrückte aus aller Herren Ländern. Im frühen Mittelalter waren es die portugiesischen Juden, dann die Hugenotten aus Frankreich. Später suchten Chinesen und Immigranten aus den ehemaligen Kolonien in Südamerika und Südostasien hier Zuflucht. Es überrascht daher nicht, dass das niederländische Straßenbild sehr multikulturell wirkt.

Aufgrund der starken Immigration gibt es in den Niederlanden rund 900 000 Muslime und mehr als 300 Moscheen. Von den Einheimischen

WAS WAR WANN?

Geschichtstabelle

1. Jh. v. Chr.–4. Jh. n. Chr. Der Rhein bildet zwischen Nijmegen und Katwijk die Nordgrenze des Römischen Reichs
5.–9. Jh. Die Niederlande kommen zum Reich der Franken; Christianisierung. Nach dem Tod von Karl dem Großen fällt das fränkische Reich auseinander
11.–16. Jh. Erste Städte entstehen, der Handel mit dem Ausland kommt auf
1568–1648 80-jähriger Krieg: Reformation und Auflehnung der holländischen Städte und des Adels gegen Philipp II. von Spanien führen zur Unabhängigkeit
17. Jh. Goldenes Zeitalter: Blütezeit der holländischen Städte, der Schifffahrt, des Handels mit den Kolonien und der Kunst (Rembrandt, Vermeer). Das tolerante intellektuelle Klima zieht Gelehrte und Glaubensverfolgte an
1814 Königreich der Niederlande (mit Belgien) unter Wilhem I. von Oranien
1830 Aufstand und Unabhängigkeit Belgiens
1940–45 Bombardierung von Rotterdam, Besetzung des Landes durch die Deutschen. Mehr als 100 000 Juden werden deportiert
2004 Ein marokkanisch-niederländischer Bürger ermordet den für seine antimuslimische Haltung bekannten Filmregisseur Theo van Gogh. In der Folge gibt es zahlreiche Anschläge auf Moscheen und islamische Schulen
2010 Die Liberalen gewinnen die vorgezogenen Neuwahlen im Juni knapp vor den Sozialdemokraten. Die Partei des rechtspopulistischen Islamgegners Geert Wilders wird drittstärkste Kraft

„ist mittlerweile aber mehr als die Hälfte konfessionslos. Auf der anderen Seite der religiösen Skala findet man die nach überaus strengen Regeln lebenden Calvinisten. Doch nicht nur diese, auch andere Bevölkerungsschichten haben sich ein Stückchen *domineescultuur*, Missionsgeist, zu eigen gemacht: Man predigt im Land der Deiche ganz gerne im belehrenden Kanzelton.

Eine große Leidenschaft der Niederländer ist das Verreisen. Während jährlich mehr als 10 Mio. Touristen in die Fahrradmonarchie kommen und hauptsächlich in den Küstenregionen ein Häuschen, eine Ferienwohnung oder ein Hotelzimmer beziehen, begeben sich die Einheimischen am liebsten mit dem Wohnwagen auf Reisen.

Schon in früheren Jahrhunderten durchkreuzten die reiselustigen Niederländer sämtliche Weltmeere mit ihren großen Segelschiffen. Sie eroberten ferne Länder und handelten mit exotischen Gütern. Im heutigen Indonesien hatten sie sich ein Kolonialreich zugelegt und in Amerika Nieuw-Amsterdam, das heutige New York, gegründet. In erster Linie war es die Vereinigte Ostindische Handelskompanie (VOC), die den Seehandel kontrollierte; sie hat wesentlich zum Reichtum der Republik im 17. Jh. (dem „Goldenen Zeitalter“) beigetragen.

Den sprichwörtlichen Kaufmannsgeist haben die Holländer noch immer im Blut. Diesem ist es zu verdanken, dass sich das flächenmäßig kleine

Land auf der Weltbühne so nachhaltig zu behaupten vermag. Die Niederländer besitzen mit Rotterdam einen der größten Häfen der Welt. Es gibt mehrere Multis wie den Nahrungsmittelkonzern Unilever, den Glühbirnen- und Elektronikhersteller Philips

Kanäle und Flüsschen, Grachten, die Rheinmündung und das Meer: Wasser ist allgegenwärtig

oder den Chemiegiganten Akzo Nobel. Im Agrarsektor gehören sie zu den Größten der Welt.

> *Kaum ein Volk reagiert so flexibel auf neue Gegebenheiten*

Dieser Handelsgeist hat die Mentalität der Niederländer schon seit dem glorreichen 17. Jh. geprägt: Wer in einem kleinen Land seine Erträge mehren will, muss unerschlossene Märkte entdecken, Neuem gegenüber empfänglich sein und sich anbietende Möglichkeiten unerschrocken nutzen. Bis zum heutigen Tag ist dies zu spüren, etwa in der toleranten Haltung gegenüber Andersdenkenden, alternativen Lebensformen, Drogen oder Homosexualität. Im Land der Deichbauer wird gerne mit den unterschiedlichsten Gesellschaftsformen experimentiert. Es gibt kaum ein Volk, das so schnell auf gesellschaftliche Umwälzungen reagiert und sich so flexibel auf neue Gegebenheiten einzustellen weiß. Das ist nicht weiter erstaunlich, schließlich mussten die Niederländer sich immer wieder anpassen, sei es beim Kampf gegen das Wasser, beim Außenhandel, bei den Einwanderern oder in Religionsfragen.

TREND GUIDE NIEDERLANDE

Die heißesten Entdeckungen und Hotspots!
Unser Szene-Scout zeigt Ihnen, was angesagt ist

Lennert Janssen
Der gebürtige Niederländer bereist als Artdirector ganz Europa, doch zieht es ihn immer wieder in seine Heimat zurück. So klein das Land im europäischen Vergleich auch sein mag, so weit hat es die Nase in puncto Trends vorne. Multikulti, Monarchie und Szene sind kein Widerspruch, sondern setzen neue Synergien frei. Warum also nicht alle Eindrücke aufsaugen und in alle Welt tragen!

CAMPEN FÜR ABENTEURER

Ungewöhnliche Schlafplätze

Der Niederländer liebstes Hobby: Campen! Die neuesten Campingplätze sind deswegen auch weit mehr als bloße Zeltplätze. Auf Texel nächtigen Sie z. B. wie Mongolen. Der Campingplatz *Loodsmansduin (Rommelpot 19, Den Hoorn, www.texelcampings.nl)* hält Jurten mit Hängematten bereit. Was schlicht klingt, bietet jedoch mit Holzofen und frischen Blumen die nötige Portion Luxus. Zelte in Bäumen locken Abenteuerlustige zum Campingplatz *De Hertshoorn (Putterweg 68–70, Garderen, www.hertshoorn.nl)* bei Apeldoorn. In drei Tannen hängen tropfenähnliche Stoffburgen, die an bunte Vogelnester erinnern. Campen mitten auf dem Wasser? In der niederländischen Provinz Flevoland ist auch das möglich. Der Campingplatz *Waterhout (Archerpad 6, Almere, www.waterhout.nl,* Foto*)* stellt ein Floß zur Verfügung, auf dem die Gäste ihre Zelte aufschlagen können. Tagsüber Badespaß, nachts wiegt Sie das sanfte Schaukeln der Wellen in den Schlaf – romantischer geht es kaum!

SZENE

E-KUNST

Neue Projekte

Die Niederlande geben sich modern und zeitgemäß. E-Projekte bringen z. B. Utrecht zum Leuchten. Mit der Lichtinstallation *Trajectum Lumen (www.trajectumlumen.nl,* Foto*)* startet ein auf mehrere Jahre angelegtes Kunstprojekt. Eine Lichtspur führt Besucher zu beleuchteten Sehenswürdigkeiten und Kunstwerken. Natürlich springt auch Amsterdam auf den E-Trend auf. Im Kulturpark *Westergasfabriek (Pazzanistraat 41, Amsterdam, www.westergasfabriek.nl, www.uplabs.nl)* ruft das Projekt *UPLabs (Urban Park Laboratories)* zu Interaktion auf. Unternehmen Sie z. B. eine von zehn GPS-Touren, oder gehen Sie mit dem „Zeitgucker", der wie ein futuristisches Fernglas aussieht, auf Zeitreise. Witzig: Auf dem Gelände haben die Initiatoren drei „Flüsterbänke" verteilt. Diese geben Geschichten vorheriger Besucher wieder und nehmen Ihre geflüsterten Erzählungen auf.

DOPPEL D

Dutch Design

Niederländische Designerinnen erobern die Laufstege und Boutiquen des Landes – allen voran *Sanne Jansen (www.sannejansen.com,* Foto*).* Ihre Entwürfe lassen sich keiner Linie zuordnen. Zum einen sind sie grafisch und minimalistisch, zum anderen feminin und verspielt. Ihre Overalls, Shirts und Mäntel erstehen Sie u. a. bei *Puha (Hardebollenstraat 8, Utrecht, www.puhashop.nl). Mada van Gaans' (www.madavangaans.com)* Kollektionen zeichnen sich durch typisch niederländische Leichtigkeit aus. Rüschen, Chiffon, asymmetrische Schnitte – wer sich die lässigen Designerteile nicht entgehen lassen will, kauft sie z. B. bei *Wendela van Dijk (Van Oldenbarneveltstraat 105, Rotterdam).* Noch mehr Design gibt es im Konzeptstore *SPRMRKT (Rozengracht 191–193, Amsterdam, www.sprmrkt.nl).*

BEACHCLUBS

Frische Luft, Lifestyle und Party

Im Sommer spielt sich das Leben am Strand ab. Schließlich bieten die angesagten Beachclubs mehr als nur Liegestühle und Sonnenschirme. Der *Branding Beach Club (Koningin Astridboulevard 105, Noordwijk, www.brandingbeach.nl*, Foto*)* setzt auf Design und Exklusivität. Neben einem Restaurant und Sonnendeck können Gäste auch die Strandvilla benutzen und dort private Partys feiern. Das *Brunotti Beach House (Strandweg 2, www.brunottibeachhouse.com)* in Scheveningen ist der ideale Treffpunkt für sportliche Trendsetter: Partys, Barbecues und Surfstunden machen Strandfreaks glücklich. Der *Parkers Beachclub (Zuiderstrand 19–20, Kijkduin, www.parkerbeachclub.nl)* in Den Haag bietet Capoeira-Workshops, Weinproben und Drachenfliegen an.

MADE IN MAASTRICHT

Kulinarische Highlights

Der Duft nach frisch gebackenem Brot und selbst gekochter Erdbeermarmelade zieht durch die Gassen Maastrichts. Immer mehr Delikatessengeschäfte erinnern sich ihrer Traditionen und legen vermehrt Wert auf selbst Gemachtes. Brot aus traditionell gemahlenem Mehl stellt z. B. die Bäckerei der *Bisschopsmolen (Stenenbrug 1–3, www.bisschopsmolen.nl)* her. Außerdem können Sie live dabei sein, wenn der Limbuger *vlaai* gebacken wird. Nach Anmeldung können Sie sogar einen Workshop belegen und die hohe Kunst des Backens selbst lernen. Alles hausgemacht ist auch die Devise von *Adriaan de Smaakmaker (St. Pieterstraat 36, www.adriaandesmaakmaker.nl*, Foto*)*. In dem Geschäft gibt es herrlich frische Marmeladen, Senf und Essig.

AUF TOUREN

Biken abseits von Straßen

Von wegen plattes Land – Radfahrer erkunden düstere Höhlen und steile Dünen. Bei *Glope Events (Büros in Amsterdam, Den Haag, Rotterdam, www.glope.nl)* steigen Sie zum Cavebiking, Dunebiking und Mountainbiking von Scheveningen bis Limburg aufs Rad. Die Touren sind professionell geführt, Routen gibt es von leicht bis anspruchsvoll. Biker, die in Maastricht die Herausforderung suchen, sind bei Touren durch Kohlegruben, verlassene Fabrikanlagen und über stillgelegte Eisenbahnstrecken richtig *(Maastricht Biking, www.maastricht-biking.com)*.

WEIN FÜR GENIESSER

Ein Gläschen in Ehren

In den Niederlanden gibt es Weinberge? Ja, tatsächlich! Der niederländische Wein ist ein Geheimtipp für Genießer. Einige bislang unbekannte Weinkeltereien produzieren hochwertige Tropfen, die teils nur in Restaurants ausgeschenkt, teils in Einzelflaschen direkt vom Gut aus verkauft werden. Auf dem Maastrichter Schloss *Neercanne (Château Neercanne, Cannerweg 800, www.neercanne.com)* wird der einzige niederländische Schlossabzug hergestellt. Der *Apostelhoeve (Susserweg 201, Maastricht, www.apostelhoeve.nl,* Foto*)* auf dem Louwberg ist der größte Weinberg in den Niederlanden und der Weißwein kultverdächtig.

NACHHALTIGKEIT

Alles Elektro oder was?

Auf den Grachten schippern Sie seit Kurzem ökologisch korrekt durch Amsterdam. Die Reederei *Lovers (www.lovers.nl/co2zero)* bietet Rundfahrten in einem emissionsfreien Boot an. Der E-Bike-Trend macht auch vor Rotterdam nicht halt: Per Smart-Card können Besucher an zahlreichen Aufladestationen ihre Bikes wieder auf Touren bringen bzw. sich ganz leicht ein Elektrorad ausleihen. Von Pannerden aus können Sie über das *E-Bike Centrum (Hoogeweg 21, Pannerden, www.ebikecentrum.nl)* Radtouren buchen. Per Elektromotor cruisen in Amsterdam auch Taxis durch die Stadt *(www.tcataxi.nl)*.

> VON DEICHEN UND DENKERN, TULPEN UND POLDERN

Notizen zum Matjes und zum Königshaus, zum Fußball und zu Windmühlen

COFFEESHOPS

Kaum ein anderes Land pflegt einen so liberalen Umgang mit weichen Drogen. Der Staat duldet den Besitz einer kleinen Menge sowie den Verkauf und Konsum von Haschisch und Marihuana in speziellen Kneipen, den Coffeeshops: Neben der Getränkekarte gibt es hier eine für die Rauchwaren. Die zahlreichen illegalen Anbauflächen auf Dachböden und in Gewächshäusern, auf die die Polizei bei Razzien immer wieder stieß, waren aber selbst für die tolerante niederländische Regierung zu viel. Im Eigenanbau sind heute nur noch maximal fünf Pflanzen erlaubt.

DEICHE

Schon die ersten Siedler bauten Deiche, um ihre Häuser in dem vielfach unter dem Meeresspiegel liegenden

STICH WORTE

Land vor dem Wasser zu schützen. Die meterhohen Wälle bestehen noch heute im Kern aus Sand, der mit einer dicken Tonschicht bedeckt wird. Im Poldermuseum in Lelystad wird anschaulich der Querschnitt eines Deichs gezeigt. Beim großen Hochwasser 1995 mussten 250 000 Menschen evakuiert werden, weil entlang der Flüsse Deichbrüche befürchtet wurden. Seither sind die Deiche vielerorts saniert und erhöht worden.

ERASMUS VON ROTTERDAM

Der bedeutende Humanist Erasmus Desiderius wurde 1466 oder 1469 in Rotterdam geboren und starb 1536 in Basel. Sein „Lob der Torheit", ein satirisches Werk über die gesellschaftlichen und kirchlichen Missstände, verhalf ihm zu großem Ruhm. Mit seinen philosophischen Arbeiten übte Erasmus einen großen Einfluss auf die Reformation aus – von der er sich allerdings später distanzierte.

HERINGE

Zeitungsinserate mit dem simplen Text *Hollandse nieuwe* – junge Heringe, die noch nicht gelaicht haben – läuten jedes Jahr im Juni die neue Heringssaison ein. Es ist die Zeit, in der die ganze Nation vor den rot-weiß-blauen *haringkarren* (fahrbaren Heringsständen) Schlange steht. Der Verzehr dieser Matjesheringe erfolgt nach einem ganz bestimmten Prozedere: In der linken Hand hält man einen kleinen, rechteckigen Pappteller. Darauf liegen der Hering, eine Papierserviette und ein paar Zwiebelstückchen. Dann ergreift man mit Daumen und Zeigefinger der rechten Hand die Schwanzflosse der zartrosa Delikatesse, hebt den Arm in die Höhe und führt den Fisch von oben senkrecht in den weit geöffneten und gen Himmel gerichteten Mund.

Typisch Holland: Statt Würstchen gehen *malse* (zarte) *maatjes* über den Tresen

INTEGRATION

Der von einem radikalen Niederländer marokkanischer Abstammung verübte Mord am Filmemacher Theo van Gogh 2004 hat auf schmerzliche Weise offenbart, wie schlecht es um die Integration der rund 900 000 Muslime in den Niederlanden bestellt ist. Seitdem wurden zahlreiche Projekte auf die Beine gestellt mit dem Ziel, den Dialog zwischen den Bevölkerungsgruppen zu fördern. Gleichzeitig sorgt die im Aufwind befindliche „Partei für die Freiheit" des rechtspopulistischen Islamkritikers Geert Wilders für große Verunsicherung.

KLIMAWANDEL

„Mit dem Wasser leben und nicht mehr dagegen kämpfen" lautet die neue Devise der Niederlande. Die Deichnation wird stark unter dem veränderten Klima zu leiden haben. Bis zum Ende des Jahrhunderts könnte der Meeresspiegel um bis zu 1,3 m steigen, haben Experten der niederländischen Deltakommission errechnet. Sie rieten der Regierung, die Küstenstreifen massiv mit Sand aufzuschütten und in die Nordsee hinaus zu verlängern. Damit es nicht zu Überschwemmungen im Delta von Rhein und Maas kommt, müssen Tausende von Deichkilometern entlang der Flüsse verstärkt und erhöht werden. Vielerorts haben die milliardenschweren Arbeiten inzwischen begonnen. Auch an der Nordseeküste, wo man die Deichbauer an mehreren Stellen beobachten kann, wie sie mit ihren gigantischen Bulldozern aus losen Sandhaufen bis zu 10 m hohe Dünen auftürmen. Dank dem neuen Credo bauen niederländische Architekten immer öfter schwimmende Häuser, die sich automatisch dem Pegelstand des Wassers anpassen.

KÖNIGSHAUS

Die Niederlande sind eine konstitutionelle Erbmonarchie mit parlamentarischem System, wobei Kabinett und Krone gemeinsam die Regierung bilden. Die Königin trägt jedoch keine politische Verantwortung, kann aber Einfluss nehmen, etwa bei der Koalitionsbildung nach Parlamentswahlen. Neben zahlreichen Repräsentationspflichten gehört es zu ihren Aufgaben, am dritten Dienstag im September, dem *prinsjesdag*, die Thronrede vorzulesen. Dabei handelt es sich um das vom Kabinett verfasste Regierungsprogramm des kommenden Jahrs. Kronprinz Willem-Alexander ist mit der Argentinierin Máxima Zorreguieta verheiratet. Das Paar hat

> BLOGS & PODCASTS

Gute Tagebücher und Files im Internet

- *www.dutchblog.de* – Was haben die, was wir nicht haben? Ein in Deutschland geborener Niederländer bloggt über die feinen Unterschiede zwischen den beiden Ländern.
- *www.nl-blog.de* – Reiseberichte aus den Niederlanden von einer Kölner Journalistin.
- *http://holland-erfahren.de/blog* – Alles über Feste und Gepflogenheiten beim westlichen Nachbarn.
- *www.youtube.com/koninklijkhuis* – Das Königshaus hat seine eigene Youtube-Seite mit aktuellen Kurzfilmchen zu Anlässen, die einzelne Familienmitglieder besucht haben.
- *http://mrlunk.blogspot.com* – Die aktuellen (politischen) Entwicklungen z. B. zum Thema der Coffeeshops finden sich auf diesem Blog (auf Englisch und Niederländisch) eines überzeugten „Cannabisten".

Für den Inhalt der Blogs & Podcasts übernimmt die MARCO POLO Redaktion keine Verantwortung.

drei Töchter. Die Älteste, Catharina-Amalia Beatrix Carmen Victoria, Prinzessin der Niederlande und Prinzessin von Oranien-Nassau, wird nach Willem-Alexander den Thron besteigen.

LITERATUR

Die Niederländer haben viele wichtige Autoren hervorgebracht, obwohl das Sprachgebiet mit 20 Mio. Holländischsprachigen in den Niederlanden und im flämischen Teil Belgiens eher bescheiden ist. Baruch Spinoza verschaffte sich im 17. Jh. mit seinen philosophischen Abhandlungen weltweite Anerkennung. Viel Beachtung fand im 19. Jh. Multatuli mit seinem Roman „Max Havelaar", einer Anklage gegen die Kolonialherrschaft in Niederländisch-Indien, dem heutigen Indonesien. Nach dem Zweiten Weltkrieg beherrschten vor allem Werke von Willem Frederik Hermans, Harry Mulisch und Gerard Reve die literarische Szene. Im deutschsprachigen Raum sind heute vor allem Cees Nooteboom, Geert Mak, Connie Palmen und Arnon Grunberg ein Begriff.

MALEREI

Rembrandt van Rijn, Frans Hals und Jan Vermeer van Delft waren schon im „goldenen" 17. Jh. weltberühmt. Im Amsterdamer Reichsmuseum, dem größten des Landes, findet man eine außergewöhnlich reichhaltige Sammlung mit allen alten Meistern. Im 19. Jh. folgte Vincent van Gogh – einen Großteil seiner Werke finden Sie im gleichnamigen Museum, ebenfalls in Amsterdam. Die herausragenden Maler des 20. Jhs. sind Piet Mondrian, Karel Appel und Corneille als Vertreter der Cobra-Gruppe (Kopenhagen, Brüssel, Amsterdam).

ORANJEFIEBER

Wenn im Fußball eine Europa- oder eine Weltmeisterschaft ins Haus steht, dann breitet sich in den Niederlanden ein orangefarbiger Flächenbrand aus. *Oranje* ist nicht nur die Farbe des Königshauses, sondern ziert auch die Trikots der niederländischen Nationalspieler. Deshalb hüllen sich die Untertanen von Königin Beatrix während einer WM oder EM in orangefarbene Gewänder und schmücken ihre Fenster und Autos mit gleichfarbigen Wimpeln. Käse, Kontaktlinsen und Kreditkarten sind plötzlich orange, genauso wie die Pommes in den Snackbars oder der Gips ums gebrochene Bein. In den Regalen der Supermärkte steht orangefarbener Pudding neben orangefarbenem Toilettenpapier.

STERBEHILFE

Die Niederlande sind eines der wenigen Länder weltweit, die aktive Sterbehilfe gesetzlich geregelt haben. Ein Arzt darf unter ganz strikten Bedingungen *euthanasie* leisten. Voraussetzung ist u. a., dass der Patient unerträglich und aussichtslos leidet und dem Arzt gegenüber mehrmals den Todeswunsch äußert. Ferner muss der Arzt einen Kollegen hinzuziehen und den Fall einer Kontrollbehörde melden. Aktive Sterbehilfe wird von mehr als 90 Prozent der Bevölkerung gutgeheißen.

TULPEN

Die Tulpen stammen ursprünglich aus Zentralasien. Ende des 16. Jhs. pflanzte Carolus Clusius die erste Zwiebel dieses Liliengewächses im botanischen Garten in Leiden. Im 17. Jh. galt die edle Blume als Statussymbol: Damals kosteten drei Tulpenzwiebeln so viel wie ein Amsterdamer Grachtenhaus. Jeder Kauf musste denn auch vom Notar beglaubigt werden! Heute bestreiten die Niederlande 86 Prozent des weltweiten Tulpenhandels. Die gut 2000 Gartenbetriebe produzieren jährlich mehr als 4 Mrd. Tulpenzwiebeln. Hauptanbaugebiet ist die *bollenstreek,* der „Tulpengürtel" zwischen Leiden und Den Haag.

WINDMÜHLEN

Früher waren es Zehntausende, heute gibt es in den Niederlanden noch etwa 1000 der typischen alten Windmühlen mit den vier Flügeln. Die meisten stehen unter Denkmalschutz und werden nur an speziellen Tagen – etwa dem nationalen Mühlentag am zweiten Maisamstag – betrieben. Bei Kinderdijk südöstlich von Rotterdam steht mit 19 Windmühlen aus dem 18. Jh. das größte Mühlenensemble der Welt. Eine größere Ansammlung authentischer Mühlen finden Sie auch im Freilichtmuseum Zaanse Schans nördlich von Amsterdam. Jahrhundertelang haben die Schöpfräder der Mühlen das sumpfige Gebiet der Niederlande entwässert. Vielerorts, etwa in Zeeland im Südwesten oder auf dem dem IJsselmeer abgerungenen Flevopolder zwischen Urk und Lelystad, werden Sie auf ganze Windmühlenparks zur Gewinnung von Windenergie treffen – zeitgenössische Turbinen mit Rotor, die die historischen Mühlen abgelöst haben.

BLUMENKORSO UND MÜHLENTAG

Vom Neujahrsschwimmen bis zum Sinterklaas: Das ganze Jahr über wird gefeiert

FEIERTAGE

1. Jan.; Karfreitag/Ostermontag (viele Geschäfte sind geöffnet); **30. April** *Koninginnedag* (Nationalfeiertag); **4. Mai** *Dodenherdenking* (nationaler Gedenktag für die Opfer des Zweiten Weltkriegs); **5. Mai** *Bevrijdingsdag* (nationaler Gedenktag zur Befreiung von der deutschen Besatzung – nur alle fünf Jahre ein offizieller Feiertag); **Christi Himmelfahrt; Pfingstmontag** (viele Geschäfte sind geöffnet); **25./26. Dez.**

FESTE & VERANSTALTUNGEN

Januar

Insider Tipp *Nieuwjaarsduik* Scheveningen: Neujahrsschwimmen in der Nordsee

Internationales Filmfestival in Rotterdam

Februar/März

Carnaval in Maastricht und dem Süden

März

In Maastricht findet alljährlich die wichtigste und feinste ▶▶ Kunst- und Antikmesse der Welt statt: The European Fine Art Fair *tefaf.*

März–Mai

★ *Blumenausstellung* im Keukenhof in Lisse

April

Museumweekend: Mehr als 500 Museen im ganzen Land öffnen ihre Türen ein ganzes Wochenende lang gratis.

Blumenkorso von Noordwijk nach Haarlem

Am 30. April *Koninginnedag* und *Vrijmarkt.* Bier fließt in Strömen, es wird auf der Straße getanzt. Beim *Vrijmarkt* verhökern alle Hausrat und Kleidung.

Mai

Bevrijdingsfestival am 5. Mai mit Popmusik an diversen Orten

Insider Tipp *Nationale Molendag:* Viele Windmühlen können am zweiten Maisamstag oder -sonntag besichtigt werden.

Flaggetjesdag in Scheveningen: Auftakt der Heringssaison

Aktuelle Events weltweit auf www.marcopolo.de/events

>EVENTS FESTE & MEHR

Scheveningen International Sand Sculpture Festival: Europäische Teams bauen bis zu 5 m hohe Sandgebilde.

Juni

Holland Festival in Amsterdam mit zahlreichen kulturellen Veranstaltungen

Dichterfestival *Poetry International* in Rotterdam

Insider Tipp *Oerol-Festival* Terschelling: Straßentheater auf der Insel

Ronde van Texel: die größte Katamaranregatta der Welt

Gratispopfestival *Parkpop* am letzten Juniwochenende in Den Haag.

Juli

Skûtsjesilen, Segelregatten mit traditionellen Schiffen in Friesland

North Sea Jazz Festival in Rotterdam

August

5 km Bücherstände auf dem *Boekenmarkt* in Deventer

Gondelvaart: Beleuchtete Gondeln fahren auf den Kanälen in Giethoorn.

Amsterdam Gay Pride: Hunderttausende säumen die Grachten, wenn bunt verzierte Boote mit noch bunter gekleideten Schwulen eine Rundfahrt machen.

September

Open Monumentendag: Landesweit öffnen ca. 3000 denkmalgeschützte Häuser ihre Pforten.

Wereldhavendage in Rotterdam: Show, Spektakel und Feuerwerk im Hafen

September/Oktober

Comics für Jung und Alt bei den *Stripdagen* in 's-Hertogenbosch

November

Pop und Poesie auf dem *Crossing Border Festival* in Den Haag

Dezember

Zum *Sinterklaasfeest* am 5. Dezember gehört eine *surprise,* ein Nikolauspaket. Es ist originell verpackt und wird mit einem selbst verfassten, meist witzigen Gedicht vorgetragen.

> ERBSENSUPPE UND EINTOPF, DROPJES UND PANNENKOEKEN

Vom bodenständigen *stamppot* bis zur indonesischen Reistafel: eine Multikultiküche für Entdeckungsfreudige

> Essen ist eine Lieblingsbeschäftigung der Niederländer. Kaum sitzen sie morgens im Zug oder stehen auf dem Weg zur Arbeit im Stau, klauben sie zum Frühstück *(ontbijt)* ein *broodje* aus der Tasche: meist zwei Scheiben Weißbrot mit Käse oder einer Scheibe Wurst.

Manche bestreuen ihr Brot mit *hagelslag,* feinen Schokowürmchen. Kinder lieben auch die farbigen *muisjes,* Zuckerstreusel mit Anisgeschmack, auf ihrem Brot. Zur obligaten Kaffeepause am Vormittag gibts Gebäck – zumindest einen bescheidenen Keks. Mittags, zum *lunch* in der Kantine oder daheim, verzehren die Niederländer abermals ein *broodje.* Oft ersetzen sie den Käse durch anderen Belag, zum Beispiel eine panierte, in Öl gebackene *kroket* aus Fleisch und Kartoffeln. In jedem Fall gehört ein Glas Milch dazu!

Nach Feierabend treffen sie sich zum Aperitif *(borrel)* in einem Café.

Bild: Straßenrestaurant in Groningen

ESSEN & TRINKEN

Natürlich gehören auch hier die entsprechenden *hapjes* (Snacks) dazu, zum Beispiel Käsewürfel. Meistens handelt es sich dabei um Maasdammer, die holländische Version des Emmentalers. Möglicherweise serviert man Ihnen aber auch Gouda – heute ein Sammelbegriff für zarten, leicht salzigen Käse aus roher Milch. Es gibt zahlreiche Varianten, die zum Teil mit Petersilie, Pfeffer, Knoblauch oder Gewürznelken angereichert werden. Edamer, der aus teilentrahmter Milch produziert wird und etwas würziger als Gouda schmeckt, konsumieren die Niederländer vor allem zu Hause.

Pünktlich um 18 Uhr steht schließlich das Abendessen *(avond-eten)* auf dem Tisch. Trotz aller multikulturellen Einflüsse, an denen die Niederlande reich sind, besteht der klassische *hollandse pot* noch heute vor allem aus Kartoffeln, Gemüse und

Fleisch. Dabei ist, was in vielen Ländern nicht einmal die kleinen Kinder dürfen, in Holland die normalste Sache der Welt: das Zermanschen des Essens. 62 Prozent aller Niederländer üben sich tagtäglich in dieser Disziplin, wie eine Studie zutage gefördert hat.

Zwischen den Mahlzeiten sind die Holländer ausgesprochene Naschkatzen. Am liebsten kauen sie *dropjes,* Lakritze in allen Formen und Farben, die in den verschiedensten Geschmacksrichtungen von Pfefferminz über Lorbeer bis hin zu Salmiak verkauft werden.

> SPEZIALITÄTEN

Genießen Sie die typisch niederländische Küche!

andijviestamppot – Eintopfgericht aus Endivien und Kartoffeln
asperges met krieltjes in botersaus – Spargel mit kleinen Frühkartoffeln in Buttersauce
bitterballen – runde *kroket*-Version (üblich zum Aperitif)
bolus – dünnes Brot mit Zucker-Zimt-Schicht (gehört in Zeeland zum Kaffee)
Brabantse koffietafel – reichhaltiges Brabanter Bauernfrühstück oder Brunch mit vielen Sorten (Roggen-)Brot, Mettwurst, Bauernschinken und Apfelmus
erwtensoep – Erbsensuppe (wird mit Pumpernickel und Katenspeck gegessen)

Fryske mosterdsoep – friesische Senfsuppe
hutspot – Eintopfgericht aus Rindfleisch, Möhren, Zwiebeln und Kartoffeln
krentenbol – Rosinenbrötchen (zum Frühstück oder Lunch)
kroket – in heißem Öl gebackenes Fleisch-Kartoffel-Gemisch (als Lunchgericht zwischen zwei Brotscheiben serviert)
oliebollen – in Zucker gewendeter Ölkrapfen (Foto)
ontbijtkoek – Honigkuchen (wird zum Frühstück, mit etwas Butter bestrichen, gegessen)
ossenworst – rohe Rindfleischwurst (üblich zum Aperitif)
pannenkoeken – Pfannkuchen (werden in zahlreichen süßen und salzigen Varianten im *pannenkoekenhuis* gegessen)
poffertjes – kleine Pfannkuchen
stamppot met boerenkool – Eintopf aus Kartoffeln und Grünkohl
stroopwafel – Honigsirupwaffel
Texelse lamsbout – Lammkeule aus Texel (bekannt für salzigen Geschmack)
uitsmijter – Katerfrühstück mit zwei Spiegeleiern, Schinken und Weißbrot
vla – dünne Puddingversion in vielen, oft saisonal wechselnden Geschmacksrichtungen
vlammetjes – kleine Frühlingsrollen mit scharfer Sauce (als Beilage zum Aperitif)

ESSEN & TRINKEN

Wenn die *dropjes*-Tüte leer ist, holen sie sich im nächsten Imbiss *patat met* – so lautet die einfache Bestellung für eine Portion Pommes frites mit Mayonnaise. Man kann die goldbraunen Fritten aber auch mit Erdnusssauce, Senf, Ketchup, Currysauce oder mit Zwiebeln bekommen. Pommesbuden sind in den Niederlanden so verbreitet wie Pizzerias in Italien. Vielerorts werden Sie auf eine Filiale von Febo, der bekanntesten Snackbarkette, stoßen. Die meisten dieser Lokale bieten eine reichhaltige Fastfoodkarte an. Bei Febo kann man sich außerdem warme Fertigsnacks wie Würstchen oder Hamburger aus dem Automaten holen.

Trotz der im Alltag nicht gerade anspruchsvollen Esskultur kann man in den Niederlanden äußerst lecker essen. Etwa in den zahlreichen *eetcafés,* einfacheren Restaurants, die oft schmackhafte Fleisch-, Fisch- oder vegetarische Menüs um 15 Euro anbieten. Ein Erbe der kolonialen Vergangenheit sind die vielen indonesischen Restaurants, die besonders zahlreich in Den Haag und Amsterdam anzutreffen sind und mit exotischen Köstlichkeiten wie Reistafeln aufwarten. Daneben gibts in den meisten Orten natürlich auch eine reiche Auswahl aus der internationalen Küche, von chinesisch bis italienisch und von thailändisch bis japanisch.

Nachmittags und abends sitzen die Niederländer gerne in einem *bruine café,* wie diese typischen „braunen" Kneipen heißen. Sie haben meistens eine von Brauntönen dominierte Einrichtung mit hölzerner Wandtäfelung. Wundern Sie sich nicht über die als Tischtuch dienenden Teppiche.

Ob *broodje, patat met* oder *nieuwe haring:* Beim Stadtbummel muss niemand darben

Neben Kaffee und Tee ist Bier das beliebteste Getränk. Die meisten Kneipen verfügen über ein reichhaltiges Sortiment. Heineken, der Gerstensaft des einheimischen Biermultis, fehlt fast nirgendwo; ähnlich verbreitet sind Grolsch und Brand. Wenn die Holländer Lust auf eine besondere Bierspezialität haben, bestellen sie belgisches Bier.

Das Schnapsbrennen hat eine ähnlich lange Tradition wie das Bierbrauen. Das Wort *genever* (Wacholderschnaps) taucht in alten Schriften erstmals 1608 auf. Wenn Sie einen echten Korn möchten, bestellen Sie ein Glas *korenwijn.* Bekannt ist auch der friesische *berenburger,* ein Kräuterschnaps. Die Schnapsgläser werden randvoll eingeschenkt, mit einem sogenannten *kopje.* Man beugt sich zum Glas hinunter und schlürft den ersten Schluck.

KLOMPEN, KACHELN, KULINARIA

Von der Tulpenzwiebel bis zum Diamanten: Niederlandesouvenirs gibt es für jeden Geldbeutel

> Tulpen, *klompen* (Holzschuhe) und Windmühlen, diese drei wohl bekanntesten Symbole des Landes, stehen in den Souvenirgeschäften entsprechend hoch im Kurs. Die schnuckeligen Windmühlen kommen jedoch meist aus Hongkong und sind doch tatsächlich mit Flügeln versehen, die sich im Uhrzeigersinn drehen – dabei drehen sie sich bei einer echten niederländischen Windmühle andersherum!

Viele „typische" Hollandsouvenirs sind mit blauen Motiven verziert und den Wörtern *origineel Delftsblauw* versehen. Vertrauen Sie ja nicht darauf – der Ausdruck *Delftsblauw* (Delfter Blau) ist nicht geschützt.

ANTIQUITÄTEN & ANTIQUARISCHES

Leseratten sei der Gang in ein Antiquariat empfohlen. Vor allem in den größeren Städten gibt es sie in großer Zahl. Auch auf Antiquitätengeschäfte werden Sie immer wieder stoßen.

BLUMENZWIEBELN

Ein beliebtes Niederlande-Mitbringsel sind Tulpenzwiebeln, die Sie in jedem Souvenirgeschäft, aber natürlich auch auf Märkten oder in Gartencentern finden. Längst sind auch biologisch gezüchtete Blumenzwiebeln auf dem Markt. Sie tragen das Gütesiegel EKO – wie alle biologisch erzeugten Produkte in den Niederlanden.

DIAMANTEN

Ein etwas kostbareres holländisches Souvenir ist ein Diamant. Der berühmte Amsterdamer Schliff ist unter Fachleuten nach wie vor ein Begriff für Qualität. Einen echten Diamanten, allerdings nur einen klitzekleinen, gibt es bereits ab 30 Euro.

KLOMPEN

Aus einheimischer Produktion stammen die 3 Mio. Paar Souvenir-*klompen*, die

> EINKAUFEN

die Niederlandeurlauber jedes Jahr erwerben, zum Beispiel als Schlüsselanhänger, Flaschenöffner oder Käseschaber. Richtige *klompen* werden in den Niederlanden noch heute von Straßenpflasterern und Bauern getragen.

KULINARISCHES

Schon im 16. Jh. wurden in Noord-Holland, in Friesland und Groningen runde Käselaibe hergestellt und auf den Märkten von Gouda und Alkmaar verkauft. Heute ist Käse ein wichtiges Exportprodukt der Niederlande. Gleichzeitig gibt es einen Trend zur traditionell-handwerklichen Käseherstellung. Wenn Sie über Land fahren, werden Sie immer wieder Schilder mit der Bezeichnung *kaasboerderij* (Käsebauernhof) sehen. Diese Bauern bieten nicht nur ihren selbst erzeugten Käse zum Verkauf an, sondern gewähren Besuchern häufig auch Einblicke bei der Arbeit.

In den Niederlanden wird (Goudaer) Käse in den folgenden Reifestufen verkauft: *jong* (vier Wochen gereift), *jong belegen* (acht Wochen), *belegen* (vier Monate), *extra belegen* (sieben Monate), *oud* (zehn Monate), *overjarig* (ein Jahr).
Als kulinarisches Mitbringsel eignen sich aber auch *stroopwafels,* das sind runde, mit dickflüssigem, süßem Sirup gefüllte Waffeln. Schnäpse sind ebenfalls beliebte Mitbringsel. Möchten Sie authentischen Korn, halten Sie Ausschau nach *korenwijn* oder *berenburger*.

MODE & DESIGN

Wer sich ein außergewöhnliches Outfit leisten möchte, ist in den Niederlanden gut aufgehoben, denn Designergeschäfte sprießen nicht nur in den Städten aus dem Boden. Edelklamotten des Avantgardeduos Victor & Rolf *(www.viktor-rolf.com)* sind dabei übrigens genauso angesagt wie die Orson-und-Bodil-Kreationen von Alexander van Slobbe *(www.orson-bodil.com)*.

> DYNAMIK UND BESCHAULICHKEIT

Hollands pulsierendes Ballungszentrum mit alten Städten, moderner Architektur und idyllischen Grachten

> Die drei größten Städte der Niederlande, Amsterdam, Den Haag und Rotterdam, liegen alle in der sogenannten Randstad, dem Ballungsraum im Westen der Niederlande. Hier wohnt über ein Drittel der 16,4 Mio. Niederländer. Damit gehört dieses Gebiet zu den am dichtesten besiedelten der Welt.

Obwohl die Randstad nur etwas mehr als zehn Prozent der Gesamtfläche einnimmt, laufen hier alle Fäden zusammen: Nicht nur Regierung und Königin, auch die meisten großen Firmen residieren in der Randstad. In der Medienstadt Hilversum befinden sich zahlreiche Funk- und Fernsehstudios. Darüber hinaus weist die Randstad die höchste Konzentration an Museen, Theatern und anderen Kultureinrichtungen auf. Die urbanen Ballungszentren gruppieren sich um das sogenannte *groene hart* (grüne Herz) herum. Dieses ausgedehnte Gebiet mit Seen, Flüssen, Kanälen und

Bild: Seebrücke in Scheveningen

RANDSTAD

grasenden Kühen bildet einen markanten Kontrast zu den dicht besiedelten Städten. In dieser ländlich anmutenden Gegend suchen die Städter am Wochenende Erholung.

AMSTERDAM

KARTE AUF SEITE 132/133

[125 D2] **Die niederländische Hauptstadt (740 000 Ew.) hat sich zur touristisch viertwichtigsten Stadt in Europa gemausert.** Der historische Grachtengürtel, die zahlreichen Museen, das multikulturelle Flair und eine fast mediterrane Atmosphäre üben eine große Anziehungskraft aus. Am besten lernen Sie Amsterdam auf einem Spaziergang durch den Grachtengürtel kennen – oder bei einer Rundfahrt auf den Grachten. Ausführliche Informationen finden Sie im MARCO POLO Band „Amsterdam".

SEHENSWERTES

AJAX-MUSEUM ▶▶ [0]

In der Amsterdam Arena im Amsterdamer Südosten trägt der Fußballclub Ajax seine Heimspiele aus. Im integrierten Ajax-Museum kann man sich von vergangenem Ruhm überzeugen: Pokale, Bilder, Videos und altgediente Fußballschuhe. *Mai–Sept. Mo bis Fr 9.30–18, Sa/So 10–17, Okt.–März Mo–Sa 10–17 Uhr | 5 Euro | tgl. 5, Juli–Sept. 7 Stadionführungen, 12 Euro (inkl. Museum) | Arena Boulevard 3 | www.ajax.nl, www.amsterdamarena.nl*

ANNE-FRANK-HUIS [132 B2]

Die Geschichte des jüdischen Mädchens Anne Frank ist eine der berühmtesten des Zweiten Weltkriegs. Ihre Eltern flüchteten 1933 mit der 1929 in Frankfurt geborenen Anne vor den Nazis in die Niederlande. Als auch Holland von den Deutschen besetzt war, tauchte sie 1942 mit ihren Eltern und anderen Juden in einem Hinterhaus an der Prinsengracht unter, wo sie 1944 entdeckt wurde. 1945 wurde sie im KZ Bergen-Belsen von den Deutschen ermordet. Am eindrucksvollsten ist die als Bücherschrank getarnte Drehtür, hinter der sich der Zufluchtsort der Untergetauchten befand. *So–Fr 9–19 (Mitte März–Mitte Sept. bis 21), Sa (Juli/Aug. tgl.) 9–22 Uhr | 8,50 Euro | Prinsengracht 263 | www.annefrank.nl*

Magere Brug: die meistfotografierte Amstelquerung ist Fußgängern vorbehalten

BEGIJNHOF [132 C4]

Besuchen Sie diese Oase der Ruhe, wenn Sie sich vom Stadtrummel etwas erholen möchten. Früher lebten in diesen typischen Grachtenhäuschen, die um eine Kirche gruppiert sind, Nonnen, die sich um Kranke kümmerten und den Armen Unterricht erteilten. *Tgl. 8–17 Uhr | Spui | www.begijnhofamsterdam.nl*

HASH MARIHUANA HEMP MUSEUM [133 D3]
Die Geschichte der weichen Droge, in Glasvitrinen sortiert. *Tgl. 10–23 Uhr | 9 Euro | Oudezijds Achterburgwal 148 | www.hashmuseum.com*

Insider Tipp **HERMITAGE AMSTERDAM** [133 D4]
Die größte Dependance der berühmten Eremitage in St. Petersburg befindet sich in einem wunderbar restaurierten ehemaligen Diakonissenhaus aus dem 17. Jh. an der Amstel. Wechselnde Ausstellungen mit Objekten aus dem Fundus des Mutterhauses. Im selben Haus befindet sich das Caférestaurant *Neva (Mo–Sa 10 bis 1, So 10–18 Uhr | Tel. 020/ 530 74 83 | www.neva.nl | €€– €€€)* mit zu den Ausstellungen passenden Gerichten. Im Sommer sitzt man herrlich auf der Sonnenterrasse. *Do bis Di 10–17, Mi 10–20 Uhr | 15 Euro | Amstel 51 | www.hermitageamsterdam.nl*

HOMOMONUMENT (SCHWULENDENKMAL) ▶▶ [132 B2]
Das rosarote Dreieck an der Keizersgracht hinter der Westerkerk ist dem Andenken an die homosexuellen Opfer im Zweiten Weltkrieg gewidmet.

MAGERE BRUG [133 D5]
Von den etwa 1400 Amsterdamer Brücken ist diese weiße Klappbrücke über die Amstel wohl die berühmteste. In ihrer heutigen Form datiert sie aus dem Jahr 1969; sie ist etwas brei-

MARCO POLO HIGHLIGHTS

★ **Rijksmuseum Amsterdam**
Die alten Meister im berühmtesten Museum der Niederlande (Seite 34)

★ **Scheepvaartmuseum Amsterdam**
Die Seefahrernation und ihre Schiffe bestaunen (Seite 34)

★ **Van-Gogh-Museum Amsterdam**
Bestaunen Sie die weltweit größte Van-Gogh-Sammlung (Seite 34)

★ **Mauritshuis Den Haag**
Weltberühmte alte Kunst (Seite 40)

★ **Kinderdijk**
Bilderbuchholland: 19 Windmühlen in Reih und Glied (Seite 44)

★ **Haarlem**
Gemütliche Großstadt in Noord-Holland (Seite 44)

★ **Hofjes in Leiden**
35 grüne, idyllische Innenhöfe im Zentrum von Leiden (Seite 47)

★ **Boijmans van Beuningen Rotterdam**
Moderne Kunst von Picasso und Dalí bis Matisse und Kandinsky (Seite 51)

★ **Hafenrundfahrten Rotterdam**
Riesige Docks, Werften und Silos im größten Hafen Europas (Seite 51)

★ **Kubushäuser Rotterdam**
Leben in einem Würfel (Seite 51)

ter als das Original von 1670. Der Brückenwärter öffnet sie ein paarmal pro Tag, um Schiffe passieren zu lassen.

RIJKSMUSEUM ★ [132 B5–6]
Das größte Museum der Niederlande wird bis 2013 gründlich umgebaut. Das Hauptgebäude ist bis dann geschlossen. Jedoch werden im dazugehörenden Philipsflügel mehr als 400 Glanzstücke der umfangreichen Sammlung holländischer Meister aus dem 17. Jh. gezeigt. Darunter sind alle 18 Rembrandts, inklusive der berühmten „Nachtwache", aber auch alle Werke von Johannes Vermeer, Jan Steen und Frans Hals. Außerdem werden Highlights aus der Möbel- und der Silberkollektion gezeigt, und es gibt mehrere Beispiele von historischem Delfter-Blau-Porzellan zu sehen. *Tgl. 9–18 Uhr | 12,50 Euro | Stadhouderskade 42 | www.rijksmuseum.nl*

SCHEEPVAARTMUSEUM ★ [133 F3]
Die Renovierung des Museums am Kattenburgerplein soll 2011 abgeschlossen sein. Dann ist die riesige Sammlung von nautischen Instrumenten und Schiffsmodellen wieder zu sehen. Trotz Umbau ist die – vorübergehend beim Technologiezentrum Nemo vertäute – Originalnachbildung des Ostindienfahrers „Amsterdam" weiter zugänglich *(Di bis So, Schulferien und Juni–Aug. tgl. 10–17 Uhr | 6 Euro | Oosterdok 2 |* [133 E2]*). www.scheepvaartmuseum.nl*

STADTSTRÄNDE [0]
Die Amsterdamer brauchen nicht mehr an die Nordsee zu fahren, wenn sie Lust auf Strand haben. Mit ▶▶ *Blijburg (Tram 26 ab Hauptbahnhof bis Endstation)* gibt es einen richtigen Strand mit Wasser zum Schwimmen auf IJburg, dem neuen Stadtteil im Osten Amsterdams. Gleichzeitig werden jedes Jahr mehrere Stadtstrände (ohne Wasser!) aufgebaut – nicht immer am selben Ort; erkundigen Sie sich bei der Touristeninformation.

STEDELIJK MUSEUM [132 A6]
Voraussichtlich im Herbst 2011 ist der Umbau des Kunstmuseums an der Paulus Potterstraat abgeschlossen. Dann soll die moderne Kollektion mit Werken von Cézanne, Picasso, Mondrian, Chagall und Matisse wieder zu besichtigen sein. *www.stedelijk.nl*

VAN-GOGH-MUSEUM ★ [132 A–B6]
Zahllose Gemälde und 500 Zeichnungen des großen Malers finden Sie in diesem modernen, hellen Haus am Museumplein. *Sa–Do 10–18, Fr 10 bis 22 Uhr | 14 Euro | Paulus Potterstraat 7 | www.vangoghmuseum.nl*

VONDELPARK [132 A5–6]
Die größte und schönste grüne Lunge von Amsterdam. Der 8 ha große Park wurde vom Landschaftsarchitekten Jan David Zocher gestaltet und 1865 eröffnet. Besonders am Sonntag ist er ein beliebtes Ausflugsziel für Familien, die mit Kind und Kegel ein Picknick veranstalten, Fußball spielen oder einfach nur in der Sonne sitzen. In den Sommermonaten gibt es nachmittags und abends von Mi bis So Gratiskonzerte beim *Openluchttheater.* Insider Tipp

WESTERKERK [132 B2]
Mit seinen 85 m ist der renovierte Turm der Westerkerk der höchste von

Amsterdam. Der mühsame Aufstieg lohnt sich: Von oben haben Sie eine schöne Rundsicht auf den Grachtengürtel. *April–Okt. Mo–Sa 10–17.30 Uhr (nur mit Führung) | 7 Euro | Prinsengracht 281 | www.westerkerk.nl*

ESSEN & TRINKEN

BUBBLES & WINES [132 C3]

Börsen- und andere Händler treffen sich nach der Arbeit in dieser angesagten Bar. Das Sortiment umfasst 53 Wein- und Sektsorten, die alle auch offen angeboten werden. Dazu gibts eine reiche Auswahl an Aperitifhäppchen. *Mo–Sa 15.30–1, So 14–21 Uhr | Nes 37 | www.bubblesandwines.com | €–€€*

Insider Tipp

FIFTEEN [133 F2]

Der britische Starkoch Jamie Oliver hat sein Konzept exportiert. Sein Restaurant gibts jetzt als Filiale in einem ehemaligen Speicher unweit vom Hauptbahnhof. Auf den Teller kommen frische, biologische Nahrungsmittel aus der Umgebung, die einfach, aber sehr schmackhaft zubereitet werden. An den Töpfen stehen ehemalige Problemjugendliche, die unter Olivers Leitung zu Köchen ausgebildet werden. *So-Mittag geschl. | Veemkade 14/Jollemanhof 9 | Tel. 0900/343 83 36 | www.fifteen.nl | €€€*

BRASSERIE HARKEMA [132 C3]

In der ehemaligen Halle eines Tabakhändlers werden herrliche, mediterran angehauchte Gerichte serviert. Unbedingt die hausgemachte Wildpastete probieren! *Tgl. | Nes 67 | Tel. 020/428 22 22 | www.brasserieharkema.nl | €€*

Insider Tipp

HERENGRACHT [132 B4]

Um Essen (viel Fisch), Trinken und Kunst dreht sich alles in diesem trendigen Lokal am Grachtengürtel. Im Sommer kann man im Freien an der

Das stilvolle De Jaren macht dem Begriff „Grandcafé" alle Ehre

Gracht oder im Garten sitzen. *Tgl. | Herengracht 435 | Tel. 020/616 24 82 | www.deherengracht.nl | €–€€*

DE JAREN [132 C4]

Modernes Grandcafé mit hohen, hellen Räumen und einer tollen Terrasse am Wasser. Großer Lesetisch mit internationalen Zeitungen, im ersten Stock ein Restaurant. *So–Do 10–1 Uhr, Fr/Sa 10–2 Uhr | Nieuwe Doelenstraat 20–22 | Tel. 020/625 57 71 | www.cafedejaren.nl*

VERTIGO [132 A6]
Das hübsche Café residiert im Gebäude des Filmmuseums im Vondelpark. Sonntags gibt es Jazzbrunch, und im Sommer kann man schön im Schatten der Kastanienbäume sitzen. *Mo–Fr 11–1, Sa/So 10–1 Uhr | Vondelpark 3 | www.vertigo.nl*

Schick shoppen statt Schalterschlangen: Magna Plaza im einstigen Hauptpostamt

VOC CAFÉ [133 D2]
Schnuppern Sie Seeluft in diesem gemütlichen Café in einem der ehemaligen Festungstürme von 1480. *Mo bis Sa 10–18, So 12–20 Uhr | Prins Hendrikkade 94 | www.schreierstoren.nl*

WAGAMAMA [132 B5]
Die gut gefüllten Nudelsuppen werden direkt vor Ihren Augen zubereitet. *Tgl. | Max Euweplein 10 | Tel. 020/528 77 78 | www.wagamama.nl* | €

EINKAUFEN

Die wichtigsten Einkaufsstraßen sind die Fußgängerzonen *Kalverstraat* und *Nieuwendijk*. Die eleganteste Konsummeile ist die *P. C. Hooftstraat* beim Rijksmuseum im vornehmen Stadtteil Oud-Zuid. In den Quersträßchen des Grachtengürtels finden Sie zahlreiche kleine Geschäfte, Boutiquen und Designwerkstätten.

HESTER VAN EEGHEN [132 B3] Insider Tipp
Die junge Designerin ist eine der einflussreichsten in den Niederlanden. Ihre außergewöhnlichen Schuhe und Taschen stehen für witzige Geometrie und Farbenvielfalt. *Hartenstraat 37 (Taschen) bzw. Hartenstraat 1 (Schuhe) | www.hestervaneeghen.com*

MAGNA PLAZA [132 C3]
Im ehemaligen Hauptpostamt auf dem Dam residiert heute eine ultramoderne Shoppingmall.

PAPABUBBLE [132 C1]
In diesem Süßwarengeschäft werden Naschereien in allen Formen und Farben von Hand angefertigt. *Haarlemmerdijk 70 | www.papabubble.com*

ÜBERNACHTEN

AMBASSADE [132 B3]
Das Hotel besteht aus zehn alten Grachtenhäusern. Schöne Aussicht aufs Wasser. Frühzeitig reservieren! *59 Zi. | Herengracht 335–353 | Tel. 020/555 02 22 | Fax 555 02 77 | www.ambassade-hotel.nl* | €€€

EUREKA HOTEL AMSTERDAM HOUSE [132 C4]
Das weiße Haus mit den Geranien auf den Fenstersimsen ist nur eine Minute vom Rembrandtplein entfernt. Schöner Blick auf die Amstel. Das Hotel vermietet auch Studios und Wohnboote. *16 Zi. | 's-Gravelandseveer 3–4 | Tel. 020/624 66 07 | Fax 624 13 46 | www.amsterdamhouse.com* | €€

STAYOKAY AMSTERDAM ZEEBURG [0]
Jugendherberge (2-, 4- und 6-Bett-Zimmer) und Kulturzentrum mit Theater, Kino, Restaurant und einem Fahrradverleih. Viele Rucksacktouristen. *98 Zi. | Timorplein 21 | Tel. 020/551 31 90 | Fax 623 49 86 | www.stayokay.com* | €–€€

AM ABEND

Rund um *Leidse-* und *Rembrandtplein* gibt es zahlreiche Bars, Kneipen, Diskos und Musikcafés, die bis tief in die Nacht geöffnet sind.

DE BUURVROUW [132 C3]
Sehr populärer, alternativer Treff für Jung und Alt. *Mo–Do 21–2, Fr–So 21–3 Uhr | St. Pieterpoortsteeg 29 | www.debuurvrouw.nl*

ESCAPE VENUE [132 C4]
Die Indisko am Rembrandtplein. Lange Warteschlangen am Eingang. *Do 23–4, Fr/Sa 23–5, So 23–4.30 Uhr | Rembrandtplein 11 | www.escape.nl*

MELKWEG [132 B5]
Legendäres Jugendzentrum gleich hinterm Leidseplein mit Café, Kino, Konzertsaal und Ausstellungsraum. Am Wochenende nach den Konzerten oft Disko. *Tgl. 13–21 Uhr, je nach Veranstaltung auch länger | Lijnbaansgracht 234 a | www.melkweg.nl*

MUZIEKGEBOUW AAN HET IJ/ GRAND CAFÉ STAR FERRY [133 E2]
Eine Schwebebrücke führt zum Eingang des neuen Musiktempels am IJufer. Das 24 m hohe Glasgebäude beherbergt zwei Konzertsäle. Im Foyer befindet sich ein Grand Café mit einer enormen Terrasse direkt am Wasser, wo man bei fernöstlichen Köstlichkeiten der untergehenden Sonne und den Schiffen im Hafen zuschauen kann. *Tgl. 10.30–23 Uhr | Piet Heinkade 1 | www.muziekgebouw.nl*

Insider Tipp

ODEON [132 C4]
Im ehemaligen Theater wird heute getanzt. Es gibt zwei Clubs, DJs legen von Techno über R & B bis House alles auf. *Fr–Sa 23–5 Uhr | Singel 460 | www.odeontheater.nl*

WINSTON [133 D2]
Cooler Club, der von Künstlern, Bohemiens und Touristen besucht wird. *So–Do 21–4, Fr/Sa 21–5 Uhr | Warmoesstraat 129 | www.winston.nl*

AUSKUNFT

Im Bahnhof, Bahnsteig 2 b [133 D2]*; Stationsplein 10* [133 D2]*; Tel. 0900/4004040, aus dem Ausland 0031/20/*

551 25 25 | Fax 020/201 88 50 | www.iamsterdam.com

ZIELE IN DER UMGEBUNG

AALSMEER [124 C3]

Auf dieser größten niederländischen Blumenauktion werden täglich 20 Mio. Schnittblumen und 2 Mio. Topfpflanzen versteigert. *Mo–Fr 7–11 Uhr | 5 Euro | Bus 172 ca. 60 Min. ab Hauptbahnhof Amsterdam | www.floraholland.com*

MARKEN [125 D2]

In diesem pittoresken Fischerdorf mit kleinen, grünen Holzhäuschen und hübschem Hafen können Sie eine Prise des alten Hollands schnuppern. In der warmen Jahreszeit ist es ein beliebtes Ausflugsziel unter Amsterdamer Radlern.

ZAANSE SCHANS [124 C2]

In diesem (bewohnten!) Museumsdorf mit Käsehaus und dem ersten Krämerladen der Supermarktkette Albert Heijn sieht man eine ganze Reihe von alten Mühlen. Eine Idylle, die aus einem Bild von Vermeer stammen könnte. *Tgl. 9–17 Uhr | Zugang aufs Gelände gratis, Eintritt wird einzeln bei Mühlen und Museen bezahlt; Tageskarte (9,50 Euro) gibt Zugang zu mehreren Attraktionen und berechtigt zu reduziertem Tarif beim Rest | www.zaanseschans.nl*

Die Gegend rund um die Zaanse Schans ist ebenso reich an imposanten alten Industriegebäuden wie an charakteristischen Holzhäuschen. In *Zaanstad* 6 km nordwestlich von Amsterdam können Sie elektrisch betriebene Boote mieten *(Westzijde 78 | Tel. 075/614 65 67 | www.varenopdezaan.nl)* und damit auf Erkundungstour gehen. Die Fahrt bis nach Zaanse Schans dauert ca. 30 Minuten, eine Schaluppe für bis zu vier Erwachsene und vier Kinder kostet 75 Euro für einen halben Tag. Von Mai bis September gibt es freitags bis sonntags einen Fährdienst zwischen Zaanstad und der Zaanse Schans.

Insider Tipp

DEN HAAG

KARTE IN DER HINTEREN UMSCHLAGKLAPPE

[124 B4] **Der Regierungssitz Den Haag hat noch immer den Ruf, vornehm und langweilig zu sein. Dabei hat sich die drittgrößte Stadt des Landes (470 000 Ew.) mit ihren zahlreichen Palais und Palästen in den letzten Jahren enorm gewandelt.** Rund um den Hauptbahnhof sind viele Bürotürme entstanden, und wer bis zum Danstheater am Spui spaziert, sieht es auf Schritt und Tritt: Den Haag scheut Veränderungen nicht.

Offiziell heißt Den Haag 's-Gravenhage. Dieser Name geht auf den Jagdsitz zurück, den die Grafen von Holland hier einst hatten. Seit mehr als 500 Jahren dient Den Haag Herrschern und Regenten als Hauptsitz. Auch heute residieren Regierung, Parlament und Königin hier, ferner viele Botschaften und Organisationen wie der Internationale Gerichtshof. Die Mischung aus Beamten und Diplomaten verleiht der Stadt einen Hauch von Internationalität, die man auch auf den Plätzen oder in den eleganten Geschäften spürt.

Zu Den Haag gehört der ehemalige Fischerhafen *Scheveningen,* den Sie vom Zentrum in etwa 20 Minuten mit der Straßenbahn erreichen. Hier flanieren Einheimische und Besucher auf dem Strandboulevard mit seinen Dutzenden von Kneipen und Restaurants, von denen man eine tolle Sicht aufs Meer hat.

SEHENSWERTES

BEELDEN AAN ZEE [0]

Eindrucksvolle Skulpturensammlung zeitgenössischer Bildhauerkunst. Vom schönen *Zeezaal* wunderbare Aussicht auf Meer und Dünen. *Di–So 11–17 Uhr | 9,50 Euro | Scheveningen | Harteveltstraat 1 | www.beeldenaanzee.nl*

BINNENHOF [U D4]

Jahrhundertelang war der Binnenhof der Mittelpunkt des politischen Geschehens in den Niederlanden. Noch heute tagt dort, wo einst Schlösser und Paläste der Grafen von Holland standen, das niederländische Parlament – allerdings in einem gläsernen Neubau, der die historischen Gebäude überragt. Beim Westeingang finden Sie ein altes Schloss mit einem großen Festsaal, dem *Ridderzaal,* in dem die Königin alljährlich die Thronrede verliest. Der Ridderzaal und viele andere Gebäude des Binnenhofs können besichtigt werden, jedoch nur im Rahmen einer Führung und wenn in den Räumen nicht getagt wird. *Mo–Sa 10–16 Uhr | 6 Euro | reservieren (070/364 61 44) | www.binnenhofbezoek.nl*

ESCHER IN HET PALEIS [U D3]

In diesem Palais aus dem 18. Jh. sind auf vier Etagen die Werke des grafischen Künstlers Maurits Cornelis Escher (1898–1972) ausgestellt. Die perspektivischen Zeichnungen wur-

Eine Prise altes Holland können Sie im Fischerdorf auf der Insel Marken schnuppern

den teils animiert, sodass Besucher eine 360-Grad-Reise durch die Werke Eschers machen können. *Di–So 11 bis 17 Uhr | 7,50 Euro | Lange Voorhout 74 | www.escherinhetpaleis.nl*

HAAGS GEMEENTEMUSEUM [O]

Stolz des Museums sind die vier Säle mit Werken von Piet Mondrian. Zu sehen sind außerdem Haager Silber, Delfter Porzellan und eine große Musikabteilung mit traditionellen europäischen Instrumenten. Außerdem gibt es eine Galerie, in der wechselnde Modeausstellungen stattfinden. *Di bis So 10–17 Uhr | 10 Euro | Stadhouderslaan 41 | www.gemeentemuseum.nl*

MAURITSHUIS ★ [U D4]

Dieses bedeutende Museum, das auch *Koninklijk Kabinet van Schilderijen* (Königliches Gemäldekabinett) genannt wird, steht in unmittelbarer Nähe zum *torentje,* dem Büro des Ministerpräsidenten neben dem Parlamentsgebäude. In dem Palais aus dem 17. Jh. finden Sie eine feine Kollektion von holländischen und flämischen Meistern. Die berühmtesten Bilder sind Rembrandts „Anatomische Lektion von Dr. Nicolaes Tulp", die „Ansicht von Delft" von Jan Vermeer sowie die „Ansicht von Haarlem" von Jacob van Ruisdael. *Di–Sa 10–17, So 11–17 Uhr | 12 Euro | Korte Vijverberg 8 | www.mauritshuis.nl*

NATIONAL SEA LIFE [O]

Erstaunlich, was in der Nordsee so alles lebt! Haie, Rochen, Quallen – in diesem „Unterwassermuseum" mit

Jan Vermeers „Mädchen mit dem Perlenohrring" ging mit dem gleichnamigen Film im Jahr 2003 um die Welt. Das Originalgemälde hängt im Den Haager Mauritshuis

tropischem Riff sind die Meeresbewohner fast zum Anfassen nah. *Juli/Aug. tgl. 10–20, Feb.–Juni und Sept. bis Nov. 10–19, Dez./Jan. 10–18 Uhr | 14,50 Euro | Scheveningen | Strandweg 13 | www.sealife.nl*

OMNIVERSUM SPACETHEATER [0]
In einer Kreuzung aus Planetarium und futuristischem Kino kann man sozusagen die Töne fühlen, denn die 3-D-Projektion wird von Sechsspur-Stereoklängen begleitet. *Mo 10–15, Di/Mi 10–17, Do und So 10–21, Fr/Sa 10–22 Uhr | 9,75 Euro | President Kennedylaan 5 | www.omniversum.nl*

Insider Tipp **PANORAMA MESDAG** [U C3]
Hier können Sie sich ein Bild davon machen, wie es im ehemaligen Fischerdorf 1880 ausgesehen haben muss. Dank einer zylinderförmigen Leinwand bekommen Sie ein spektakuläres 120-m-Rundpanorama zu sehen. *Mo–Sa 10–17, So 12–17 Uhr | 6,50 Euro | Zeestraat 65 | www.panorama-mesdag.nl*

VREDESPALEIS (FRIEDENSPALAST) [U A2]
Dort wo zwischen Erstem und Zweitem Weltkrieg der Völkerbund tagte, der Vorläufer der Uno, hat heute u. a. der Internationale Gerichtshof seinen Sitz. *Nur im Rahmen einer Führung zu besichtigen: Mo–Fr 10, 11, 14, 15, Mai–Sept. auch 16 Uhr, reservieren (Tel. 070/302 41 37) | 5 Euro | Carnegieplein 2 | www.vredespaleis.nl*

ESSEN & TRINKEN

RESTAURANT BOGOR [0]
Authentisches indonesisches Restaurant in einem Reihenhaus etwas außerhalb des Zentrums. *Mittags geschl. | Van Swietenstraat 2 | Tel. 070/346 16 28 | €*

BOTERWAAG [U C5]
Traditionelles Café (und Restaurant) am Marktplatz. Das Haus stammt von 1681. Im großen, offenen Raum hängt eine alte Waage. *So–Mi 10–1, Do–Sa 10–1.30 Uhr | Grote Markt 8 a | www.grotemarktdenhaag.nl*

CAP OUEST [0]
Das Essen schmeckt herrlich in diesem Restaurant mit großer Terrasse

>LOW BUDGET

> Für Liebhaber klassischer Musik gibt es mittwochs von 12.30 bis 13 Uhr im Concertgebouw in Amsterdam *(Concertgebouwplein 2–6 | www.concertgebouw.nl)* ein Gratiskonzert.

> Steueramnestie: Im Zoll- und Steuermuseum *Belasting & Douane Museum (Di–So 11–17 Uhr | Parklaan 14–16 | www.belasting-douanemus.nl)* in Rotterdam, wo Sie auch alles übers Schmuggeln erfahren, brauchen Sie keine Abgabe zu entrichten.

> Bei *De Delftse Pauw (April–Okt. tgl. 9–16.30, Nov.–März Mo–Fr 9–16.30, Sa/So 11–13 Uhr | Delftweg 133 | www.delftpottery.nl)* in Delft können Sie ohne Eintrittsgebühr und Kaufzwang Keramikgeschirr im typischen Delfter Blau besichtigen.

> Augen auf: In Leiden zieren 101 Gedichte in unterschiedlichen Sprachen ebenso viele Fassaden in der Innenstadt (idealer Beginn: *Nieuwe Rijn 13 | www.muurgedichten.nl*) – ein „Lyrikmuseum" unter dem Motto „Umsonst & draußen".

im Hafen von Scheveningen. Reiche Auswahl an Fischgerichten. *Sa-Mittag und So-Mittag geschl. | Schokkerweg 37 | Tel. 070/306 09 35 | www.capouest.nl* | €€€

LEUK ▶▶ [U D5]

Hübsches, zentral gelegenes Restaurant mit sonniger Terrasse. Einfache Gerichte, große Salatauswahl, sehr zu empfehlen jener mit warmen Garnelen. *So-Abend und Mo geschl. | Kettingstraat 29 | Tel. 070/363 78 59 | www.leuketenendrinken.nl* | €

M RESTAURANT [U E6]

Am Ufer der schönsten Gracht in Den Haag. Das Interieur ist klar und ohne Schnörkel, die Küche originell und exquisit. *Mo/Di und mittags geschl. | Groenewegje 115 | Tel. 070/380 19 86 | www.mrestaurant.nl* | €€

OKER ▶▶ [U D2]

Von Maklern und jungen Managern frequentiertes Restaurant, in dem – unter Kronleuchtern und vor geblümten Tapeten – vor allem sündhaft leckere Fischgerichte serviert werden. *Tgl. | Denneweg 71 | Tel. 070/364 54 53 | www.restaurantoker.nl* | €€

POSTHOORN [U D3]

Renommiertes altes Haager Café. Im Sommer sitzt man auf der Insider Tipp Terrasse unter den Bäumen. Häufig Livemusik. *Mo–Sa 9–22, So 9–20 Uhr | Lange Voorhout 39 a | www.bodegaposthoorn.nl*

EINKAUFEN

HAAGSE PASSAGE [U D5]

Zwischen der Spuistraat und dem Buitenhof finden Sie den Glaskuppelbau der Haagse Passage mit zahlreichen Geschäften und Boutiquen.

ÜBERNACHTEN

HOTEL NOORDZEE [0]

Einfach, freundlich und in unmittelbarer Nähe des Scheveninger Strands. *45 Zi. | Seinpostduin 24 | Tel. 070/352 35 00 | Fax 352 26 83 | www.symphonyhotels.nl* | €€

HOTEL DES INDES [U D3]

Tradition und Luxus im Herzen der Stadt. *92 Zi. | Lange Voorhout 54–56 | Tel. 070/361 23 45 | Fax 361 23 50 | www.desindes.nl* | €€€

HOTEL PETIT [0]

Hübsches altes Haus etwas außerhalb vom Zentrum. *20 Zi. | Groothertoginnelaan 42 | Tel. 070/346 55 00 | Fax 346 32 57 | www.hotelpetit.nl* | €€

AM ABEND

Während die Innenstadt kurz nach Mitternacht in einen Dornröschenschlaf fällt, geht es am Boulevard in Scheveningen noch lange hoch her.

DANIELZ ▶▶ [0]

Essen und Tanzen am Strand von Scheveningen. *Tgl. 10–1, Disko Do/Fr 23–5, Sa 22–5 Uhr | Strandweg 43 | www.danielz.eu*

DANZIG [U E4]

Diskocafé mit wechselnden DJs. *Do 22–4, Fr/Sa 22–5 Uhr | Lange Houtstraat 9 | www.danzig.nl*

AUSKUNFT

Hofweg 1 | Tel. 0900/340 35 05 | Fax 070/352 04 26 [U D5] | *www.denhaag.com; Scheveningen: Gevers Deynoot-*

weg 1134 [0] | *Tel. 0900/340 35 05* | *Fax 070/352 04 26*

ZIEL IN DER UMGEBUNG

WASSENAAR [124 B4]

Wenn Sie wissen möchten, in was für Häusern die reichen Holländer wohnen, können Sie sich in diesem etwa 10 km nördlich gelegenen Vorort einen guten Eindruck verschaffen.

DORDRECHT

[124 C5–6] **Am Zusammenfluss von Merwede, Noord und Oude Maas liegt eine der ältesten Städte der Niederlande (120 000 Ew.).** Diese verkehrsgünstige Lage bescherte Dordrecht vom 13. bis 16. Jh. üppige Zolleinnahmen. Vom ehemaligen Reichtum zeugen bis heute zahlreiche Patrizier- und Speicherhäuser. Die Gebäudefronten an den Kanälen gehören zu den schönsten in Holland.

SEHENSWERTES

DORDRECHTS MUSEUM

Im 2010 renovierten und vergrößerten Museum kommt die feine Sammlung Dordrechter Künstler aus dem 17. Jh. (u. a. Albert Cuyp, Nicolaes Maes, die Brüder Abraham und Jacob van Strij und Rembrandt-Schüler Ferdinand Bol) gut zur Geltung. *Di–So 11 bis 17 Uhr* | *8,50 Euro* | *Museumstraat 40* | *www.museum.dordt.nl*

GROOTHOOFDSPOORT

Das stattliche Tor am *wijnhaven* (Weinhafen) ist das letzte Überbleibsel der Stadtmauern aus dem 14. Jh.

GROTE ODER ONZE LIEVE VROUWEKERK

Das Wahrzeichen der Stadt, die spätgotische Onze Lieve Vrouwekerk in der Nähe des Hafens, ist das einzige Gotteshaus in Holland, das kein hölzernes, sondern ein schweres, steinernes Gewölbe aufweist. Im Inneren fallen das geschnitzte, mit Bibelszenen geschmückte Chorgestühl und die Marmorkanzel auf. Der 70 m hohe Kirchturm mit den vier barocken Turmuhren hat sich im Lauf der Zeit gesenkt und steht schief. Er kann trotzdem bestiegen werden. *April bis Okt. Di–Sa 10.30–16.30, So 12–16, Nov.–März Sa/So 13–16 Uhr* | *Turmbesteigung 1 Euro* | *Lange Geldersekade 2* | *www.grotekerk-dordrecht.nl*

Auch in Dordrecht am Zusammenfluss dreier Wasserwege: überall Kanäle und Grachten

HUIS VAN GIJN
Der ehemalige Bankier und Kunstsammler Simon van Gijn hat sein Wohnhaus aus dem 19. Jh. der Stadt als Museum überlassen. Große Spielzeugsammlung. *Di–So 11–17 Uhr | 7 Euro | Nieuwe Haven 29 | www.simonvangijn.nl*

ESSEN & TRINKEN

Insider Tipp
KNOLLEN & CITROENEN
In diesem historischen Haus kommen flämische und niederländische Menüs auf den Tisch. *Mittags und Mo/Di geschl. | Groenmarkt 8 | Tel. 078/614 05 00 | www.knollen-citroenen.nl* | €€

EETCAFÉ DE REIZIGER
In das historische Gebäude mit Renaissancegiebel von 1550 kommen Insider nachmittags gerne zum High Tea. Im Sommer wird manchmal mittelalterlich gekocht. *So geschl. | Voorstraat 282 | Tel. 078/631 30 31 | www.eetcafedereiziger.nl* | €–€€

ÜBERNACHTEN

DORDRECHT
Ein freundliches, denkmalgeschütztes Herrschaftshaus am Hafen. *21 Zi. | Achterhakkers 72 | Tel. 078/613 60 11 | Fax 613 74 70 | www.hoteldordrecht.nl* | €€€

AUSKUNFT

Stationsweg 1 | Tel. 0900/463 68 88 | Fax 078/613 17 83 | www.dordt.nl/toerisme

ZIEL IN DER UMGEBUNG

KINDERDIJK ★ [124 C5]
Gut 15 km nördlich von Dordrecht sehen Sie in Reih und Glied 19 denkmalgeschützte Windmühlen. Sie wurden im 18. Jh. gebaut und gehören heute zu den beliebtesten Touristenattraktionen des Landes. *April bis Okt. tgl. 9.30–17.30, Nov.–März Sa/So 11–16 Uhr | 3,50 Euro | Nederwaard 5 | www.kinderdijk.nl*

HAARLEM

[124 C2] ★ **Die Hauptstadt der Provinz Noord-Holland am Fluss Spaarne ist ein hübscher, typisch holländischer Ort mit 150 000 Ew., der im Gegensatz zum benachbarten Amsterdam richtig gemütlich wirkt.** Im historischen Zentrum rund um den großzügig angelegten Marktplatz finden Sie zahlreiche alte *hofjes*, um intime Innenhöfe gruppierte Wohnanlagen.

SEHENSWERTES

FRANS-HALS-MUSEUM
Neben Werken des Malers – er zählt neben Rembrandt und Vermeer zu den bedeutendsten holländischen Malern des Goldenen Zeitalters – finden Sie hier eine interessante Sammlung von Porträts und Stillleben aus dem 17. Jh. *Di–Sa 11–17, So 12–17 Uhr | 7,50 Euro | Groot Heiligland 62 | www.franshalsmuseum.nl*

GROTE ODER ST. BAVOKERK
Die monumentale Kirche auf dem Marktplatz war ein beliebtes Sujet für Maler. Aber auch das Interieur hat viel zu bieten, etwa ein kupfernes Chorpult von 1499 und ein geschnitztes Chorgestühl aus dem 16. Jh. Daneben befindet sich die Grabstätte von Frans Hals. Prunkstück der Kirche ist jedoch die von 1738 stammende Orgel von Christian Müller. Insider Tipp *Mo–Sa 10*

bis 16 Uhr | 2 Euro | Grote Markt | www.bavo.nl

TEYLERS MUSEUM
Der Seidenhändler Pieter Teyler van der Hulst war ein großer Kunstsammler und Liebhaber von alten Forschungsgeräten, Fossilien, Skeletten und Mineralien. In dem bereits 1778 eröffneten Museum ist bis heute die damalige Atmosphäre in den tollen alten Räumen zu spüren. *Di–Sa 10 bis 17, So 12–17 Uhr | 9 Euro | Spaarne 16 | www.teylersmuseum.nl*

ESSEN & TRINKEN

DE ARK
Internationale Küche (auch vegetarisch) mit französischem Touch in geselliger Atmosphäre. *Mittags geschl. | Nieuw Heiligland 3 | Tel. 023/ 531 10 78 | www.restaurantdeark.nl | €€*

FORTUYN
Hier können Sie mittags ein Brötchen mit Brennnesselkäse oder einen Nusssalat verzehren oder sich abends mit internationaler Küche stärken, z. B. Schwertfisch mit rotem Curry. *Tgl. | Grote Markt 23 | Tel. 023/542 18 99 | www.grandcafefortuyn.nl | €€*

RESTAURANT METZO
Im Metzo sind vor allem die herrlichen Fischgerichte zu empfehlen, etwa auf der Haut gebratener Heilbutt mit Krebssauce. *So-Mittag geschl. | Warmoesstraat 21 | Tel. 023/ 532 23 98 | www.metzo.nl | €€*

Im Juli und August sind die 19 Windmühlen von Kinderdijk in Betrieb

ÜBERNACHTEN

CARLTON SQUARE HOTEL

Bequemes Hotel am Rand des Zentrums. *122 Zi. | Baan 7 | Tel. 023/ 531 90 91 | Fax 532 98 53 | www.carlton.nl* | €€

AM ABEND

PROEFLOKAAL IN DEN UIVER

Gemütliche Bar mitten in der Stadt. Donnerstags und sonntags spielt eine Jazzkapelle. *Mo–Do 16–2, Fr/Sa 14 bis 4, So 14–2 Uhr | Riviervismarkt 13 | www.indenuiver.nl*

STALKER

Disko in einem ehemaligen Speicher im historischen Stadtkern. Für die bis zu 550 Besucher gibt es zwei Tanzflächen auf zwei Etagen. *Do–So 24–5 Uhr | Kromme Elleboogsteeg 20 | www.clubstalker.nl*

AUSKUNFT

Verwulft 11 | Tel. 0900/616 16 00 | Fax 023/534 05 37 | www.vvvhaarlem.nl

ZIELE IN DER UMGEBUNG

BLOEMENDAAL AAN ZEE [124 C2]

Rund um das vornehme Villendorf, das sich unmittelbar nördlich an Haarlem anschließt, finden Sie die höchsten Dünen der Niederlande. Der 50 m hohe Aussichtspunkt ist an Wochenenden ein beliebtes Ziel für Radfahrer und Wanderer. Amsterdamer Hippies und jugendliche Trendsetter zieht es dagegen an den Strand von Bloemendaal: Man findet sie abends vor allem in den Strandpavillons *De Republiek* oder *Bloomingdale.* Insider Tipp

IJMUIDEN [124 C2]

Hier mündet der 25 km lange Noordzeekanaal, der Amsterdam mit IJmuiden und so mit der Nordsee verbindet, ins Meer. Die Schleusenanlagen unweit der Stahlwerke mit ihren qualmenden Schloten gehören zu den größten der Welt. Beim Spaziergang auf dem weit ins Meer ragenden Pier können Sie die ein- und ausfahrenden Ozeanriesen beobachten. Am frühen

Die *hofjes* in Leiden: Wohnen im Grünen mitten in der Stadt

Morgen findet im Hafen die öffentliche Fischauktion statt.

ZANDVOORT [124 B–C2]

An schönen Wochenenden tummelt sich halb Amsterdam auf dem breiten Sandstrand dieses Badeorts an der Nordsee. Leider ist das Erscheinungsbild des einst mondänen Seebads (16 000 Ew.) mit hässlichen Apartmenthochhäusern verschandelt worden. Abseits vom Baderummel finden Sie Erholung im nördlich gelegenen *Nationalpark Kennemerduinen.*

LEIDEN

[124 B4] **Die pittoresken Grachten werden von dem durch Leiden fließenden Oude Rijn (Alter Rhein) gespeist und bilden zusammen mit den altehrwürdigen Plätzen und Straßen eine attraktive Szenerie.** In der geschichtsträchtigen Stadt (120 000 Ew.), einst zweitwichtigstes Zentrum der niederländischen Textilindustrie, gibt es noch zahlreiche historische Bau- und Kunstdenkmäler, weil sich die später relativ arm gewordene Bevölkerung keine Neubauten leisten konnte. 1575 gründete Wilhelm von Oranien hier die erste Universität der Niederlande. Außerdem wurden in Leiden die Maler Rembrandt van Rijn und Jan Steen geboren (das VVV-Büro organisiert Touren „Auf den Spuren von Rembrandt"). Eine Reise nach Leiden ist besonders im Frühling, wenn die Tulpen auf den Feldern rings um die Stadt blühen, überaus reizvoll.

SEHENSWERTES

DE BURCHT

Auf diesem Hügel mit der Burg aus dem 11. Jh. suchte die Bevölkerung früher Zuflucht vor dem Wasser. Heute hat man von hier aus eine schöne Aussicht über die Stadt. *Mo bis Sa 10–23, So 11–23 Uhr | Eintritt frei | Burgsteeg*

HOFJES ★

Die Innenstadt von Leiden zählt 35 idyllische *hofjes,* in denen man sich vom Trubel der Stadt erholen kann. *Hofjes* sind große Innenhöfe mit kleinen Häuschen und einem Garten. Reiche Handelsleute stifteten sie ab dem 15. Jh. für Bedürftige. Das Leidener VVV-Büro organisiert Touren durch die *hofjes.*

HORTUS BOTANICUS Insider Tipp

An der Rapenburg, einer der schönsten Grachten Hollands, liegt das Hauptgebäude der Uni. Gleich dahinter befindet sich der Botanische Garten, eine beliebte Ruheoase im Zentrum. Hier pflanzte Carolus Clusius 1593 die erste Tulpenzwiebel und legte so den Grundstein für das blühende Tulpengeschäft. *April–Okt. tgl. 10–18, Nov.–März Di–So 10–16 Uhr | 6 Euro | Rapenburg 73 | www.hortus.leidenuniv.nl*

MUSEUM DE LAKENHAL

Interessante Sammlung niederländischer Meister und viel Historisches über die Stadt Leiden. *Di–Fr 10–17, Sa/So 12–17 Uhr | 7,50 Euro | Oude Singel 28–32 | www.lakenhal.nl*

NATURALIS

Das Geheimnis der Evolution in Bildern und ausgestopften Tieren. Zur Kollektion gehören auch zwei Dinosaurier und ein Mammut. Und in der Schatzkammer gibt es seltene Edelsteine zu bewundern. *Tgl. 10–17 Uhr | 11 Euro | Darwinweg | www.naturalis.nl*

SCHUITJE VAART

Die Stadt und ihre Grachten können Sie von April bis September auch mit einem Rundfahrtboot besichtigen. *5 Euro | Stille Mare 4 | www.schuitjevaart.nl*

ST. PIETERSKERK

Spätgotische Basilika mit einer Orgel von 1641. Viele Gelehrte und Künstler haben hier ihre letzte Ruhe gefunden, darunter der Maler Jan Steen. Die Kirche wird heute für Ausstellungen und Veranstaltungen genutzt. *Meist tgl. 13.30–16 Uhr, So 14 Uhr Führungen | Eintritt frei | Kloksteeg 16 | www.pieterskerk.nl*

ESSEN & TRINKEN

BURGERZAKEN

Vegetarier, Suppen- und Salatfans werden hier genauso fündig wie Fleischesser. Jugendstilverzierungen an den Wänden erfreuen das Auge. *Mo-Abend geschl. | Breestraat 123 | Tel. 071/566 11 22 | www.stadslokaalburgerzaken.nl* | €–€€

IN DEN GAPENDEN ETER

Internationale Küche (sehr fischreich) kommt in dieser historischen Drogerie mit Aussicht auf die Grachten auf den Tisch. *Mittags und Mo geschl. | Rapenburg 97 | Tel. 071/566 14 94 | www.indengapendeneter.nl* | €€

OUDT LEYDEN

Echte holländische *pannenkoeken* auf echtem Delfter Porzellan gibts in der Pfannkuchenabteilung dieses Hauses, im Restaurant eine reichhaltige Karte. *Tgl. | Steenstraat 49 | Tel. 071/513 31 44 | www.oudtleyden.nl* | €

ÜBERNACHTEN

HOTEL NIEUW MINERVA

Das freundliche Hotel liegt unweit vom Zentrum. Der Clou: Es besteht aus einer ganzen Reihe alter Grachtenhäuser. Insider Tipp *39 Zi. | Boommarkt 23 | Tel. 071/512 63 58 | Fax 514 26 74 | www.nieuwminerva.nl* | €€

AM ABEND

DE BONTE KOE ▶▶

Beliebtes *bruin* Café, gemütliche Atmosphäre, viele Einheimische. *Mo bis Do 16–1, Fr 16–3, Sa 12.30–3, So 13.30–1 Uhr | Hooglandsekerk-Choorsteeg 13 | www.cafedebontekoe.net/cafe*

STADSCAFÉ VAN DER WERFF

Eine holländisch-gemütliche Studentenkneipe im Zentrum. *Tgl. 9–1 Uhr | Steenstraat 2 | www.stadscafevanderwerff.nl*

AUSKUNFT

Stationsweg 41 | Tel. 071/516 60 00 | Fax 516 60 09 | www.vvvleiden.nl

ZIELE IN DER UMGEBUNG

KATWIJK [124 B3]

Beliebter Badeort am Rand der Blumenfelder, etwa 10 km von Leiden entfernt. Das weitläufige Dünengebiet lädt zu Spaziergängen und Fahrradtouren ein (Dünenzugang im Süden gratis, im Norden wird Eintritt erhoben). Im Hafen legen Rundfahrtboote Insider Tipp ab, die Sie in drei bzw. viereinhalb Stunden durch die reizvolle Polderlandschaft schippern *(3 Std.: April und Okt. Mi/So, Mai–Mitte Juni und Sept. Di/Do/So, Mitte Juni–Aug tgl., 4,5 Std.: Mitte Mai–Mitte Juni und Sept. Mi/Sa, Mitte Juni–Aug. tgl., 5,5 Std.: Juli/Aug. Di/Do | 14,50 bis 19,50 Euro | www.rederijtriton.nl).* Im Norden schließt sich das familienfreundliche Seebad Noordwijk mit einem 13 km langen Sandstrand und einem weitläufigen Dünen- und Waldgebiet an.

KEUKENHOF [124 C3]

Diesen Blumenpark finden Sie inmitten der Tulpenfelder in einer 32 ha großen Parkanlage bei Lisse. Er ist nur im Frühjahr offen, wenn die 7 Mio. Tulpen und andere Blumen blühen. Dieser Augenschmaus gehört zu den am häufigsten fotografierten Sehenswürdigkeiten der Welt. *Mitte März–Mitte Mai tgl. 8–19.30 Uhr | 14 Euro | Bus 54 ab Leiden | www.keukenhof.nl*

Im Frühjahr ist das Tulpenmeer im Keukenhof bei Lisse *das* Ausflugsziel schlechthin

ROTTERDAM

[124 B5] **Die Stadt (580 000 Ew.) mit dem größten Hafen Europas hat sich seit Ende des Zweiten Weltkriegs in eine moderne Metropole verwandelt, die weder mit neuer Architektur noch mit internationalem Flair geizt.** Den Ort gibt es schon, seit sich im 10. Jh. ein paar Siedler am Fluss Rotte niederließen. Durch die günstige Lage an der Nordsee entwickelte sich die Stadt rasch zu einem wichtigen Warenumschlagplatz. Als jedoch die Frachtschiffe größer wurden und der Hafen immer mehr versandete, verlor die Stadt an Bedeutung. Das änderte sich erst, als im 19. Jh. mit dem Nieuwe Waterweg zwischen der Stadt und Hoek van Holland ein verbesserter Meeresanschluss gebaut wurde. Nun konnten die Handelsschiffe wieder den Rotterdamer Hafen anlaufen. Und mit den ersten Raffinerien kamen im 20. Jh. auch immer mehr Öltanker.

Der Zweite Weltkrieg hatte für Rotterdam verheerende Folgen: Bei der Bombardierung der Stadt durch die deutsche Luftwaffe 1940 kamen 1000 Menschen ums Leben; das Zentrum wurde nahezu völlig in Schutt und Asche gelegt. Im Gegensatz zu vielen anderen zerstörten Orten entschied man sich in Rotterdam nach dem Krieg für einen Wiederaufbau

Wenn Architekten würfeln: Kubushäuser von Piet Blom – die Architektur Rotterdams ist spektakulär

der Innenstadt in einem neuen, zuweilen recht gewagten Stil – heute hat die Metropole eine der interessantesten Stadtarchitekturen der Niederlande.

Mitten durch die Hafenstadt fließt als deren Lebensader die Nieuwe Maas. An den Flussufern stehen denkmalgeschützte Häuser. Der Nord- und der Südteil der Stadt sind über zahlreiche Brücken und Tunnel miteinander ver-

In den letzten Jahren wurde der Hafen systematisch vergrößert und mit einem ultramodernen Containerterminal versehen. Auf dem ganz neu angelegten Europoortterrain – der sogenannten Maasvlakte – haben sich viele Unternehmen niedergelassen; außerdem setzt eine Windkraftanlage die hier stets wehende kräftige Brise in Energie um.

bunden, darunter die Ende der Neunzigerjahre eröffnete Erasmusbrücke. Sie bindet den Stadtteil Kop van Zuid an die Innenstadt an und ist gleichzeitig markanter Blickfang der Skyline. Dank ihrem 139 m hohen, geknickten Pfeiler heißt die Brücke im Volksmund „Schwan".

Die großen Schiffe, die den Rotterdamer Hafen anlaufen, bringen und brachten neben Waren auch immer wieder Immigranten, sodass die zweitgrößte Stadt der Niederlande ein Schmelztiegel zahlreicher Nationalitäten ist.

SEHENSWERTES

BOIJMANS VAN BEUNINGEN ★

Eines der wichtigsten niederländischen Museen für moderne und alte Kunst. Gezeigt werden u. a. zahlreiche Werke großer Meister wie Rembrandt, Tizian, Monet, Gauguin, Picasso, Matisse, Kandinsky und Dalí. *Di–So 11–17 Uhr | 10 Euro, Mi frei | Museumpark 18–20 | www.boijmans.nl*

EUROMAST

Der schlanke Turm, den der Architekt Huig Aart Maaskant 1960 gebaut hat, überragt mit seinen 185 m auch die neuen Gebäude. Bei klarem Wetter kann man von oben einen Großteil der niederländischen Küstenlinie überblicken. Der Lift fährt übrigens an der Außenfassade nach oben und ist somit eher für schwindelfreie Menschen gedacht. Wagemutige können sich für 45 Euro von einer Höhe von 100 m vor den Augen der verdutzten Restaurantbesucher abseilen (Insider Tipp) *(Mai bis Sept. Sa/So). April–Sept. tgl. 9.30 bis 23, Okt.–März 10–23 Uhr | 8,90 Euro | Parkhaven 20 | www.euromast.nl*

HAFENRUNDFAHRTEN ★

Auf der stark befahrenen Nieuwe Maas begegnen Ihnen auf Lastkähne und – wenn Sie Glück haben – ein Kreuzfahrtschiff, während an Land Werften, Containerterminals und petrochemische Anlagen vor Ihren Augen vorbeigleiten. Touren mit den Spidobooten beginnen am *Leuvehoofd 5 (Tel. 010/ 275 99 88 | 9,50 Euro | www.spido.nl)*.

KUBUSHÄUSER ★

Am Alten Hafen, mitten im Vergnügungsviertel, steht die spektakulärste architektonische Schöpfung von Piet Blom: die gekippten, würfelförmigen Pfahlhäuser des *Blaakse Bos*. Einen dieser Wohnwürfel, den *Kijk Kubus*, können Sie besichtigen. *Tgl. 11–17 Uhr | 2,50 Euro | Overblaak 70 | www.kubuswoning.nl*

MARITIEM MUSEUM ROTTERDAM

Dieses Museum ist dem Hafen und der Schifffahrt in Gegenwart und Vergangenheit gewidmet. Das Museumsschiff „De Buffel" aus dem 19. Jh. kann ebenfalls besichtigt werden. *Di bis Sa 10–17, So 11–17 Uhr, Juli/Aug. auch Mo | 7,50 Euro | Leuvehaven 1 | www.maritiemmuseum.nl*

NEDERLANDS ARCHITECTUURINSTITUUT

Wissenswertes über Architektur, Städtebau, Landschafts- und Innenarchitektur. Wechselnde Ausstellungen zu aktuellen städtebaulichen Themen. *Di–Sa 10–17, So 11–17 Uhr | 8 Euro (Aufpreis für Ausstellungen) | Museumpark 25 | www.nai.nl*

SPLASH TOURS

(Insider Tipp)

Der letzte Schrei in Sachen Stadtbesichtigung ist eine „Splashtour" mit dem Amphibienfahrzeug. Zuerst fährt der „Bus" durch die Stadt, dann wassert er in der Maas und fährt als „Schiff" entlang der Skyline. *April bis Juni und Sept./Okt. Mi–So, Juli/Aug. Di–So, März und Nov./Dez. Sa/So 12.30, 14, 15.30 und 17, Juli/Aug. auch 11, 18.30 und 20 Uhr | 19,50 Euro | Abfahrt an der Bushaltestelle vor dem Maritiem Museum | www.splashtours.nl*

SS ROTTERDAM

Das 228 m lange ehemalige Dampfschiff der Holland-Amerika-Linie wurde gründlich renoviert und dient nun als Restaurant, Hotel, Tagungsort, Disko und Einkaufszentrum. Die originale Kapitänskabine und den imposanten Kesselraum können Sie im Rahmen einer Führung besichtigen. *Nov. bis März tgl. 10–16, April–Okt. 10–19.30 Uhr | 16 Euro | 3e Katendrechtse Hoofd 25 | www.ssrotterdam.nl*

WERELDMUSEUM

Das ehemalige Völkerkundemuseum wurde in ein modernes Ethnohaus mit Theater, Restaurant *(Sa-Abend und Mo geschl. | Tel. 010/270 71 85 | €€€)* mit toller Aussicht auf den alten Fährhafen und Weinbar *(Mo geschl.)* verwandelt. Der Monumentalbau von 1850 wurde dafür gründlich restauriert. *Tgl. 10–22 Uhr | Ausstellungen 12 Euro, ständige Kollektion frei | Willemskade 25 | www.wereldmuseum.nl*

ESSEN & TRINKEN

CAMBRINUS

Bier- und Esslokal in der Nähe der Kubuswohnungen am Oude Haven. Von der Sonnenterrasse haben Sie einen herrlichen Blick auf die historischen Schiffe. Serviert wird eine ausgezeichnete flämisch-französische Küche mit einer großen Auswahl an Fisch. *Tgl. ab 16, bei gutem Wetter ab 11 Uhr | Blaak 4 | Tel. 010/414 67 02 | www.cambrinus.net | €*

DUDOK

Grandcafé mit großem Lesetisch und einer reichen Zeitungsauswahl. Für die Kleinen gibts einen Tisch mit Donald-Duck-Heften. *Mo–Mi 8–23, Do 8–24, Fr 8–1, Sa 9–1, So 10 bis 21.30 Uhr | Meent 88 | www.dudok.nl*

THE HARBOUR CLUB ROTTERDAM

Sushi am Kaminfeuer: In diesem Restaurant mit mehreren Lounges und zwei Terrassen dreht sich fast alles um Fisch. *Tgl. | Kievitslaan 25 | Tel. 010/436 88 88 | €€–€€€*

ROTTERDAM

Die alte Halle, in der die Passagiere der Holland-Amerika-Linie früher auf die Abfahrt der Überseedampfer warteten, ist heute ein bei Yuppies beliebtes Grandcafé. *Mo–Do 9–24, Fr 9–4, Sa 10–4, So 10–24 Uhr | Wilhelminakade 699 | www.caferotterdam.nl*

WIJN OF WATER

Insider Tipp

Das Containerrestaurant steht zwischen atemraubenden Neubauten auf dem Lloydpier und hat eine Terrasse direkt an der Maas. Kleine, erlesene Karte (Fisch und Geflügel), reichhaltige Weinkarte. *Mo/Di geschl. | Loods Celebes 101 | Tel. 010/477 84 54 | www.wijnofwater.nl | €€–€€€*

ZEEZOUT

Das perfekte Restaurant für Fischliebhaber. Im Sommer hat man von der

Terrasse aus eine herrliche Sicht auf die Maas und den Kop van Zuid. *Sa-Mittag, So und Mo geschl. | Westerkade 11 b | Tel. 010/436 50 49 | www.restaurantzeezout.nl* | €€

EINKAUFEN

Die L-förmige *Lijnbaan* war 1953 eine der ersten autofreien Einkaufsstraßen Europas. Ein weiteres Einkaufsparadies ist die *Beurspassage.* Im *Kop van Zuid,* dem renovierten Altstadtviertel beim Yachthafen, finden Sie viele Designer- und Inneneinrichtungsgeschäfte sowie einen riesigen exotischen Supermarkt.

ÜBERNACHTEN

HOTEL BAAN

Freundliches Hotel mit kleinem Caférestaurant etwas außerhalb. U-Bahn-Station in 250 m Entfernung. *14 Zi. | Rochussenstraat 345 | Tel. 010/477 05 55 | Fax 476 94 50 | www.hotelbaan.nl* | €€

GRAND HOTEL CENTRAL

Modernes Hotel hinter monumentaler Fassade im brodelnden Herzen der Stadt. *62 Zi. | Kruiskade 12 | Tel. 010/414 07 44 | Fax 412 53 25 | www.grandhotelcentral.nl* | €€

Hotel New York: zum Schlafen oder Fernsehen viel zu schade – genießen Sie lieber den faszinierenden Panoramablick auf die Maas

HOTEL NEW YORK

Im Gebäude der ehemaligen Hafenverwaltung ist heute ein schickes Hotel untergebracht, das vor allem bei jungen Geschäftsleuten sehr beliebt ist. Tolle Aussicht. *72 Zi. | Koninginnenhoofd 1 | Tel. 010/439 05 00 | Fax 484 27 01 | www.hotelnewyork.nl* | €€–€€€

AM ABEND

Rund um den *Veerhaven* gibt es zahlreiche Kneipen, in denen man abends gemütlich ein Bier trinken kann. Im *Oude Haven* werden die Lokale vor allem von Studenten bevölkert. Diskobesucher finden beim *Stadhuisplein,* was sie suchen, und auf der *West-Kruiskade,* die im Volksmund *Chinatown* genannt wird, pulsiert das multikulturelle Leben. Beliebt sind abends auch der *Kop van Zuid* mit dem *Wilhelminapier* und dem *Entrepotgebäude,* wo Sie viele typische Hafenkneipen finden, auf deren Terrassen bis in die Nacht etwas los ist.

Pause am Marktplatz in Delft

CLUB WATT

Inside Tipp

In dieser weltweit ersten Ökodisko produzieren die Tänzerinnen und Tänzer ihren eigenen Strom. Wie das funktioniert? Die Bewegungen verursachen Schwingungen im Boden, die mit Hilfe von Dynamos in Elektrizität umgewandelt werden. Je mehr Gehopse, desto heller flackern die im Boden versenkten Lämpchen auf. Die Toiletten werden mit Regenwasser gespült, und die Trinkgefäße sind aus biologisch abbaubarem Material. Zum Club gehören zwei Konzertlokale und ein Café. *Di–Sa | West-Kruiskade 26–28 | www.watt-rotterdam.nl*

AUSKUNFT

Binnenwegplein/Coolsingel 195–197 | Tel. 0900/403 40 65 | Fax 010/ 271 01 28 | www.rotterdam.info

ZIELE IN DER UMGEBUNG

DELFT [124 B4]

Wenn Sie nach der brausenden Metropole Rotterdam etwas Ruhe suchen, finden Sie die in Delft, dem historischen Städtchen auf halber Strecke zwischen Rotterdam und Den Haag. Die mittelalterlichen Häuser um den Marktplatz, die mit Linden gesäumten, langen, schmalen Grachten und die vielen alten Brücken zeugen vom Reichtum verflossener Zeiten, den Sie am besten auf einer Grachtenrundfahrt auf sich einwirken lassen.

Berühmt ist das 95 000-Ew.-Städtchen für seine blau bemalte Keramik.

Hier hat aber auch Jan Vermeer das Licht der Welt erblickt, der berühmte Maler und Begründer der Delfter Schule. Seine letzte Ruhe hat er in der *Oude Kerk* gefunden. In der *Nieuwe Kerk (April–Okt. Mo–Sa 9–18, Nov.–Jan. Mo–Fr 11–16, Sa 10–17, Feb./März Mo–Sa 10–17 Uhr | 3,50 Euro | www.nieuwekerk-delft.nl)* können Sie das Marmorprunkgrab von Wilhelm von Oranien bewundern. Er wurde 1584 in Delft erschossen. Echte Delfter Keramikmaler gibt es auch heute noch. Im Museum *de Porseleyne Fles (April–Okt. tgl., Nov.–März Mo–Sa 9–17 Uhr | 8 Euro | Rotterdamseweg 196 | www.royal delft.com)* können Sie ihnen bei der Arbeit über die Schultern gucken.

GOUDA [124 C4]

Die Stadt an der Gouwe (70 000 Ew.) 20 km nordöstlich von Rotterdam ist natürlich vor allem des Käses wegen bekannt. Noch heute wird er im Sommer jeden Donnerstagmorgen auf den Marktplatz bei der Käsewaage getragen *(Juni–Aug. Do 10 bis 12.30 Uhr)*.

SCHIEDAM [124 B5]

Die Stadt der Mühlen und Geneverbrennereien (75 000 Ew.) liegt rund 10 km westlich von Rotterdam an der Mündung der Schie in die Nieuwe Maas. Der Überlieferung zufolge gab es hier einst Hunderte von Brennereien. Die Geschichte vom Geneverbrennen wird im Insider Tipp *Jenever Museum (Di–Fr 12–17, Sa/So 13–18 Uhr | 4,80 Euro | Lange Haven 74–76 | www.jenevermuseum.nl)* erzählt; in dem Spirituosenmuseum gibt es auch eine Probierstube.

UTRECHT

[125 D–E4] **Utrecht ist mit seinen 260 000 Ew. die viertgrößte Stadt des Landes.** Sie ist berühmt für ihre Universität, aber auch die Grachten üben eine große Anziehung aus. Außerdem war Utrecht schon immer das niederländische Zentrum des katholischen Glaubens, wovon zahlreiche sakrale Bauten zeugen. In den letzten Jahren hat sich die Domstadt einen Namen als Kongresszentrum gemacht.

SEHENSWERTES

CATHARIJNECONVENT

Im Katharinenkloster wird anhand von religiöser Kunst und Dokumenten die Geschichte des Christentums in den Niederlanden erzählt. *Di–Fr 10–17, Sa/So 11–17 Uhr | 9 Euro | Nieuwegracht 63 | www.catharijne convent.nl*

CENTRAAL MUSEUM

In dem ehemaligen Kloster ist heute die weltgrößte Kollektion von Werken des in Utrecht geborenen Möbeldesigners und Architekten Gerrit Rietveld untergebracht. Daneben hängen Bilder der Utrechter Meister aus dem Goldenen Zeitalter. *Di–So 11–17 Uhr | 9 Euro | Agnietenstraat 1 | www.centraalmuseum.nl*

DOMTURM

Der Domturm ist mit seinen 112 m der höchste der Niederlande. Er kann nur im Rahmen einer Führung bestiegen werden. Die Aussicht macht die 465 Treppenstufen wieder wett. *April–Okt. So/Mo 12–16, Di–Sa 11 bis 16, Nov.–März So–Fr 12–16, Sa 11–16 Uhr | 8 Euro | www.domtoren.nl*

GRACHTENFAHRTEN
Wenn Sie sich die Stadt vom Wasser aus ansehen möchten, können Sie in ein Rundfahrtboot steigen. *Tgl. 11 bis 17 Uhr | 8,40 Euro | Oude Gracht 67*

NATIONAAL MUSEUM VAN SPEELKLOK TOT PIEREMENT
Im Spieluhrenmuseum gibt es eine Sammlung automatischer Musikinstrumente vom 15. Jh. bis heute. Lassen Sie sich überraschen von den Klängen der Flötenuhren, Spieldosen und der „singenden Nachtigall". *Di bis So 10–17 Uhr | 8 Euro | Steenweg 6 | www.museumspeelklok.nl*

OUDE GRACHT
Die Oude Gracht ist einer der beliebtesten Flecken in der Altstadt – hier spielt sich im Sommer das öffentliche Leben ab. Im Gegensatz zu den Amsterdamer Grachten sitzt man hier unmittelbar am Wasser auf einer Terrasse unter dem Straßenniveau.

PIETERSKERK
Die Kirche war der östliche Teil der kreuzförmigen Anlage, die sie im Mittelalter mit dem Dom und drei weiteren Kirchen bildete. Unter der Orgel fällt ein bemaltes Grab aus dem 14. Jh. auf und in der Krypta ein Sarkophag mit den Gebeinen eines Bischofs. Werfen Sie auch einen Blick auf den *Pieterskerkhof:* Die renovierten Häuser am Platz sind ein gutes Beispiel, wie harmonisch sich in Utrecht moderne Architektur und historische Baustile ergänzen. *Kirche nur im Sommer im Rahmen einer Führung zugänglich, Auskunft im VVV-Büro*

Caféterrassen direkt am Wasser: Nirgends ist Utrecht so mediterran wie an der Oude Gracht

STADSKASTEEL OUDAEN

Im Keller der mittelalterlichen Burg ist eine authentische Dampfbierbrauerei zu besichtigen. Bis heute wird dort Oudaen-Bier gebraut. Nach einer Führung können Sie den Gerstensaft in der hauseigenen Probierstube testen. *Mo/Fr/Sa Führungen auf Anfrage | 30 Min. 9 Euro, 60 Min. 11,50 Euro, 90 Min. 16,75 Euro | Oudegracht 99 | Tel. 030/231 18 64 | www.oudaen.nl*

ESSEN & TRINKEN

An der Oude Gracht finden Sie zahlreiche Restaurants und Cafés, wo man für ein Menü nicht allzu tief in die Tasche zu greifen braucht. Die meisten Lokale haben ihre Tische im Sommer am Wasser aufgestellt.

DE BASTAARD ▶▶

Gemütlicher Treffpunkt für Theaterleute, Dichter und Journalisten. Im Sommer lädt die Terrasse hinter dem Haus ein. *Do–Sa 18–3, So–Mi 18–2 Uhr | Jansfeld 17*

Insider Tipp **SAIGON**

Wer sich am leicht kitschigen Ambiente nicht stört, bekommt hier originelle vietnamesische Küche mit guten Suppen. *Mittags geschl. | Voorstraat 68 | Tel. 030/230 49 83 | www.restaurantsaigon.nl | €*

WILHELMINAPARK

Französische Küche in ruhiger, geschmackvoll eingerichteter Umgebung. Bei schönem Wetter lockt die großzügige Terrasse. *Sa-Mittag, So und Mo geschl. | Wilhelminapark 65 | Tel. 030/251 06 93 | www.wilhelminapark.nl | €€€*

DE WINKEL VAN SINKEL

Im ersten Warenhaus der Niederlande werden heute französisch-holländische Gerichte serviert. Am Wochenende wird getanzt. *Tgl. | Oude Gracht 158 | Tel. 030/230 30 30 | www.dewinkelvansinkel.nl | €€*

EINKAUFEN

Wer mit dem Zug ankommt, gelangt direkt vom Bahnhof ins riesige Einkaufszentrum *Hoog Catharijne.*

ÜBERNACHTEN

GRAND HOTEL KAREL V

In dem renovierten Haus hat schon Kaiser Karl V. im 15. Jh. seine hohen Gäste untergebracht. *121 Zi. | Geertebolwerk 1 | Tel. 030/233 75 55 | Fax 233 75 00 | www.karelv.nl | €€€*

HOTEL OORSPRONGPARK

Einfaches Haus östlich vom Zentrum. *38 Zi. | F. C. Donderstraat 12 | Tel. 030/271 63 03 | Fax 271 46 19 | www.oorsprongpark.nl | €€*

AM ABEND

HOFMAN CAFÉ

Beliebter Studententreff, Di Tango, Do Cocktailabend, Mo Livemusik. *Mo–Mi 11–1, Do 10–2.30, Fr/Sa 11 bis 4.30, So 14–23 Uhr | Janskerkhof 17 a | www.hofman-cafe.nl*

CAFÉ LEDIG ERF

Bier und Spiele werden großgeschrieben in dem traditionsreichen Haus am Ende der Oude Gracht. *Tgl. 11–2 Uhr | Tolsteegbrug 3 | www.ledigerf.nl*

AUSKUNFT

Domplein 9 | Tel. 0900/1288732 | Fax 030/2300016 | www.utrechtyourway.nl

> WASSER, WIND UND MOORLANDSCHAFTEN

Inseln und Fischerromantik, Hünengräber und reichlich Landschaft: Der Norden bietet für jeden Geschmack etwas

> Wer von der Randstad nach Norden fährt, gelangt in den „Kop van Noordholland", die Landzunge zwischen der Nordsee im Westen und dem IJsselmeer im Osten. Es ist eine abwechslungsreiche Gegend, in der die Sonne öfter scheint als im Rest des Landes.

Über den Abschlussdeich gelangt man nach Friesland, der landschaftlich reizvollsten Provinz des Landes. Auf den vielen Seen und kilometerlangen Kanälen kann man herrlich segeln. Die weißen, dreieckigen Segel, die sich durch die grünen Felder zwischen den schwarzweiß gefleckten Kühen bewegen, bieten einen kuriosen Anblick. In Friesland sind die Ortsschilder zweisprachig: Neben Niederländisch wird hier von 400 000 Friesen die offizielle Minderheitensprache Friesisch *(Frysk)* gesprochen.

Im Osten grenzt Friesland an die Provinz Groningen, eine ländliche Gegend mit vielen reetgedeckten

FRIESLAND UND DER NORDEN

Bauernhäusern. Bei Slochteren östlich von Groningen hat man im 20. Jh. große Erdgasvorkommen entdeckt. Mit dem Erlös aus dem Gasexport konnten die Niederlande ihren (einst großzügigen) Sozialstaat aufbauen.

Drenthe, die Provinz südlich von Groningen, ist ein beliebtes Wander- und Fahrradparadies. In dieser ehemaligen Moorlandschaft findet man viele prähistorische Grabanlagen, die *hunebedden* (Hünengräber).

ALKMAAR

[120 A6] **Die touristische Hauptattraktion der hübschen Grachtenstadt mit ihren 95 000 Ew. spielt sich im Sommer jeden Freitag auf dem Marktplatz ab, wenn die weiß gekleideten Käseträger mit ihren Strohhüten für die Touristen die gelben Käselaibe auf der historischen Waage wiegen lassen.** Alkmaar hat außerdem eine Fülle an gut erhaltenen Gebäuden und viele baumgesäumte Kanäle mit malerischen weißen Zugbrücken zu bieten.

SEHENSWERTES

BIERMUSEUM

Bis 1750 wurde in diesem historischen Gebäude Bier gebraut. Heute dient das Haus als Biermuseum mit integrierter Probierstube, in der Sie mehr als 80 verschiedene Sorten testen können. *Mo–Sa 13–16, wenn Fr Käsemarkt 10–16 Uhr | 3,50 Euro | Houttil 1 | www.biermuseum.nl*

HOLLANDS KAASMUSEUM

Anhand von alten Geräten und Fotos wird die Käse- und Butterherstellung vergangener Zeiten demonstriert. Man kann sich aber auch ein Bild über die heutige automatisierte Milchverarbeitungsindustrie machen. *April–Okt. Mo–Sa 10–16, wenn Fr Käsemarkt 9–16 Uhr | 3 Euro | Waagplein 2 | www.kaasmuseum.nl*

KÄSEMARKT ★

Das farbenfrohe Spektakel zieht zwar vor allem Touristen an, doch werden die Käselaibe nach wie vor von Warenprüfern getestet, danach gewogen und schließlich an die Großhändler verkauft. *April–Anfang Sept. Fr 10 bis 12.30 Uhr | Waagplein*

Die Käseträger von Alkmaar können Sie im Sommer jeden Freitag bewundern

NEDERLANDS KACHELMUSEUM

Im Ofenmuseum gibt es rund 100 Wärmespender aus dem 19. und 20. Jh. zu sehen. *So (April–Sept. auch Fr) 12–16 Uhr | 2 Euro | Bierkade 10 | www.kachelmuseum.nl*

STEDELIJK MUSEUM ALKMAAR

In dem Neubau wird die Geschichte von Alkmaar und Umgebung erzählt. Wasser und Handel sind zwei thematische Hauptaspekte, dazu Gemälde holländischer Meister aus dem 16./17. Jh. *Di–So 10 bis 17 Uhr | 6 Euro | Canadaplein 1 | www.stedelijkmuseumalkmaar.nl*

ESSEN & TRINKEN

SUMANGALI

Lassen Sie sich von den indischen und srilankischen Köstlichkeiten in diesem asiatischen Restaurant im Zentrum überraschen. Das Dreigängemenü kostet rund 20 Euro. *Mittags und Mo geschl. | Gedempte Nieuwesloot 119 | Tel. 072/572 47 83 | www.sumangali.nl | €€*

ÜBERNACHTEN

ZORGHOTEL DE PALATIJN

Das bequeme Stadthotel liegt unweit von Zentrum, Strand und Dünen. Mit Restaurant und Sauna. *56 Zi. | Dillenburgstraat 1 | Tel. 072/514 28 28 | Fax 514 28 00 | www.depalatijn.nl | €€*

AUSKUNFT

Waagplein 2 | Tel. 072/511 42 84 | Fax 511 75 13 | www.vvvalkmaar.nl

ZIELE IN DER UMGEBUNG

BERGEN AAN ZEE [120 A5–6]

Dieser hübsche, kleine Badeort gut 15 km westlich von Alkmaar entstand Anfang des 20. Jhs. Wer genug vom tollen Sandstrand hat, kann sich in den 50 Becken des *Zeeaquarium (April–Sept. tgl. 10–18, Okt.–März 11–17 Uhr | 9 Euro | Van den Wijdeplein 16 | www.zeeaquarium.nl)* Fische aus allen Weltmeeren ansehen.

ENKHUIZEN [120 C5]

Reizvoller Hafen rund 40 km östlich am IJsselmeer mit zahlreichen alten Speichern und historischen Kaufmannshäusern. Genau wie früher sieht man im Hafen noch heute viele Boote. Für zahlreiche Charterunternehmen, die mit Passagieren auf alten Schiffen rund ums IJsselmeer oder bis zu den Westfriesischen Inseln segeln, ist Enkhuizen (17 000 Ew.) Start- und Zielhafen. Wer mitsegeln möchte, wende sich für alte, traditionelle Schiffe an den Reederzusammenschluss *Naupar (Tel. 088/252 50 00 | www.naupar.com),* wo man wochen- oder wochenendweise eine oder mehrere Kojen mieten kann. Die Törns führen entweder kreuz und quer übers IJsselmeer oder zu den Watteninseln. Moderne Yachten kann man bei *Andijk*

MARCO POLO HIGHLIGHTS

★ Käsemarkt
Am Freitag dreht sich in Alkmaar alles um den Käse (Seite 60)

★ Zuiderzeemuseum
Fischerromantik in diesem sehenswerten Freilichtmuseum in Enkhuizen (Seite 62)

★ Groninger Museum
Spektakuläre Architektur und interessante Wechselausstellungen auf der Bahnhofsinsel (Seite 62)

★ Ameland
Paradies für Radfahrer und Vogelfreunde (Seite 67)

Zeiljacht Verhuur (Nieuwe Haven 5 | Tel. 0228/59 13 99 | Fax 59 36 72 | www.andijkjachtverhuur.nl) mieten, allerdings muss man dafür im Besitz eines entsprechenden Segelscheins sein.

Absolut empfehlenswert ist das ★ *Zuiderzeemuseum (tgl. 10–17 Uhr, Außenmuseum Demonstrationen alter Handwerke Mai–Okt., Nov. bis April als Park zugänglich | 14 Euro, nur Innenmuseum 7 Euro | Wierdijk 12–22 | www.zuiderzeemuseum.nl)*, in dem die 700-jährige Geschichte der Zuiderzee beeindruckend dargestellt wird. Wie in den meisten Häfen rund ums IJsselmeer kann man in Enkhuizen ausgezeichnet Fisch essen, zum Beispiel im Restaurant *De Admiraal (im Winter Sa-Mittag geschl. | Havenweg 4 | Tel. 0228/31 92 56 | www.deadmiraal.nl | €€)*.

GRONINGEN

[123 D3] Wenn Sie Groningen, die Hauptstadt der gleichnamigen Provinz, besuchen wollen, stellen Sie Ihren Wagen am besten in einem der zahlreichen Parkhäuser ab, denn die Innenstadt ist fast gänzlich autofrei. Die „Perle des Nordens" mit ihren 175 000 Ew. ist gemütlich und besitzt – vor allem rund um den Grote Markt – zahlreiche Kneipen. Auf den Straßen und Plätzen werden Sie viele junge Leute antreffen, denn die Groninger Universität und die drei Fachhochschulen sind bei Studenten sehr beliebt. Mit zwei Zuckerfabriken spielt Groningen in der Naschbranche eine nicht unwichtige Rolle. Daneben gibt es zahlreiche Dienstleistungsbetriebe, und die niederländische Post hat hier ihren Sitz.

SEHENSWERTES

GASUNIE

Insider Tipp

Architektonisch interessant ist das Hauptgebäude der Gasunion im Süden der Stadt. Der 1994 gebaute Bürokomplex an der *Concourslaan 17* ist zwar von innen nicht zugänglich, von außen aber unbedingt einen Blick wert.

GRACHTENFAHRT

Empfehlenswert ist eine Besichtigung Groningens vom Wasser aus. Auf einer 60-minütigen Bootsfahrt durch die Grachten sehen und hören Sie das Wichtigste über die historischen Häuser und die Geschichte der Stadt. *Mai–Sept. Mo–Sa 11.15, 12.45, 15.15, 17.15, So 13.45 und 15.15, April und Okt. Mo–Sa 12.45, 14 und 15.15, So 13.45 und 15.15, Jan.–März Mo–Sa 14 Uhr | 9 Euro | Stationsweg | www.rondvaartbedrijfkool.nl*

GRONINGER MUSEUM ★

Diesen abenteuerlich aussehenden, vom italienischen Architekten Alessandro Mendini auf der Museumsinsel vor dem Bahnhof gebauten bunten Kunsttempel darf man getrost als das spektakulärste Gebäude in den Niederlanden bezeichnen. Die Kollektion umfasst bildende Kunst vom 16. bis 20. Jh. und Wissenswertes zur regionalen Geschichte. Daneben gibt es zahlreiche Wechselausstellungen. *Di bis So 10–17, Juli/Aug. auch Mo 13 bis 17 Uhr | 10 Euro | Museumeiland 1 | www.groningermuseum.nl*

MARTINIKERK

Gegenüber vom Rathaus steht die gotische Kreuzbasilika aus dem 13. Jh. mit wunderschönen Wandmalereien aus dem 16. Jh. *Mai/Juni und Sept. Di bis Sa 12–17, Juli/Aug. Mo–Sa 11 bis 17, April und Okt./Nov. Sa 12–17 Uhr | 1 Euro | Martinikerkhof 3 | www.martinikerk.nl*

MARTINITOREN

Ein echter Groninger wohnt so, dass er in ständigem Blickkontakt mit dem Martiniturm ist, heißt es. Den 97 m hohen Turm können Sie besteigen. *April–Okt. Mo–Sa 11–17 (Juli/Aug. auch So 11–16), Nov.–März 12–16 Uhr | 3 Euro | Grote Markt*

NOORDELIJK SCHEEPVAART- EN NIEMEYER TABAKSMUSEUM

Im Schifffahrts- und Tabakmuseum finden Sie eine Übersicht über die Tabakgeschichte sowie Schiffsmodelle und Utensilien aus der Schifffahrt vergangener Zeiten. *Di–Sa 10–17, So 13 bis 17 Uhr | 3 Euro | Brugstraat 24 | www.noordelijkscheepvaartmuseum.nl*

STATION GRONINGEN

Der Jugendstilbahnhof von 1896 wurde Ende der Neunzigerjahre renoviert und in den ursprünglichen Zustand gebracht. In der 14 m hohen Eingangshalle sehen Sie eindrucksvolle, monumentale Fliesenbilder und Holzschnitzereien. *Stationsplein 4*

ESSEN & TRINKEN

Rund um den Marktplatz finden Sie unzählige Kneipen, in denen man auch essen kann.

APEDANS Insider Tipp

Exquisites Restaurant am Rand der Innenstadt mit viel Liebe fürs Detail. Spezialität: Fischgerichte und *groningse mosterdsoep* (Senfsuppe). Der Besuch der Toilette ist ein Erlebnis. Reservieren! *Mittags geschl. | Verlengde Oosterstraat 1 | Tel. 050/ 312 41 64* | €€–€€€

Ein Ufo als Kunsttempel: Das spektakuläre Groninger Museum ist beim Bahnhof „gelandet"

'T FEITHHUIS
Ob Katerfrühstück oder *broodjes,* Bagels oder High Tea: In diesem Pfarrhaus aus dem 15. Jh. mit schönem Blick auf die Martinikerk werden die unterschiedlichsten Bedürfnisse gestillt. *Tgl.* | *Martinikerkhof 10* | *Tel. 050/313 53 35* | *www.feithhuis.nl* | €€

ÜBERNACHTEN

EDEN CITYHOTEL
Bequem, modern und mitten im alten Zentrum. *93 Zi.* | *Gedempte Kattendiep 25* | *Tel. 050/588 65 65* | *Fax 311 51 00* | *www.edenhotelgroup.com* | €€

AM ABEND

THE PALACE
In dieser Diskothek legen die DJs auch mal Siebzigerjahresound auf. *Do–Sa 23–5 Uhr* | *Gelkingestraat 1* | *www.palace.nl*

>LOW BUDGET

- In Groningen kommen Sie täglich an Ihre Gratisportion Jazz: Am Montag geben die Dozenten des *Prins-Claus Conservatoriums (Veemarktstraat 76* | *www.hanze.nl/prinsclausconservatorium)* um 13 Uhr ein Lunchkonzert, von Dienstag bis Freitag sind die Studierenden dran – der Eintritt ist an allen Tagen frei.
- Anhand der *skûtjes,* der typisch friesischen Segelschiffe, wird für nur 3 Euro im *Friesischen Schifffahrtsmuseum (Mo–Sa 10–17, So 12–17 Uhr* | *Kleinzand 14* | *www.friesscheepvaartmuseum.nl)* in Sneek die nautische Geschichte Frieslands erzählt.

CAFÉ KOSTER
Blues- und Rockcafé mit Livebands und DJs. Viel einheimisches Publikum. Sonntags spielt ab 16 Uhr eine Band. *Mi ab 20, Do–Sa ab 16 Uhr* | *Hoogstraatje 7–9*

AUSKUNFT

Grote Markt 25 | *Tel. 0900/202 30 50* | *Fax 050/311 38 55* | *www.vvvgroningen.nl*

ZIELE IN DER UMGEBUNG

ASSEN [123 D4]
Etwa 30 km südlich, wo die Kanäle Drentse Hoofdvaart und Noord-Willemskanaal zusammenfließen, liegt die Hauptstadt der Provinz Drenthe. Assen (60 000 Ew.) ist bekannt für die zahlreichen Parks und anderen Grünanlagen; die Stadt heißt im Volksmund denn auch *stad in het groen* (Stadt im Grünen). Der Ort hat nicht nur ein Museum mit Moorleichen zu bieten; von hier aus kann man auch tolle Radtouren unternehmen. Einmal im Jahr kommen Ende Juni Zehntausende Motorradfahrer aus ganz Europa zum *Dutch TT,* dem berühmten Rennen rund um die Stadt. Dann werden sämtliche Vorgärten in provisorische Campingplätze verwandelt, und abends strömt das Bier auf der Straße.

Das *Drents Museum* (*Di–So 11–17 Uhr* | *8 Euro* | *Brink 1* | *www.drentsmuseum.nl)* Insider Tipp präsentiert eine interessante Sammlung archäologischer Funde, darunter auch Moorleichen. Prunkstück ist das älteste Boot der Welt, das Baumstammkanu von Pesse, von ca. 6500 v. Chr. Auskunft: *Marktstraat 8–10* | *Tel. 0900/202 23 93* | *Fax 0592/24 18 52* | *www.vvvassen.nl*

EMMEN [123 E5]
Einst war das gut 50 km südlich gelegene Emmen (105 000 Ew.) das Zentrum der Torfstecherei, heute ist es eine dynamische Industriestadt mit modernen Neubauvierteln. Im und rund um den Ort gibt es elf prähistorische *hunebedden* (Hünengräber).

Die NS-Gedenkstätte Kamp Westerbork erinnert an das Schicksal der während der deutschen Besatzung von den Nazis deportierten und ermordeten Juden

Insider Tipp

15 km nördlich bei *Borger* informiert das *Hunebed Centrum (Mo–Fr 10–17, Sa/So 11–17 Uhr | 6,75 Euro | Bronnegerstraat 12 | www.hunebedcentrum.nl)* über die rund 5000 Jahre alten Hünengräber in der Provinz Drenthe. Die großen „Hinkelsteine", die für die Grabmale verwendet wurden, kamen mit der Eiszeit aus Skandinavien.

KAMP WESTERBORK [123 D5]
50 km südlich, zwischen Hooghalen und Westerbork, finden Sie Kamp Westerbork. Hier wird des Schicksals von mehr als 100 000 Menschen gedacht: zum einen jener jüdischen Niederländer, die während der deutschen Besetzung über dieses Durchgangslager in die Vernichtungslager verschleppt wurden, zum anderen der Flüchtlinge aus Deutschland, die in den Dreißigerjahren des 20. Jhs. hier untergebracht wurden. *Mo–Fr 10–17, Sa/So 13–17 (April–Aug. 11–17) Uhr | 5 Euro | Oosthalen 8 | www.kampwesterbork.nl*

LEEUWARDEN

[121 E2] Die Hauptstadt der Provinz Friesland (Fryslân), die auf Friesisch Ljouwert heißt, ist auf drei Hügeln, sogenannten Terpen oder Warften, entstanden.
In der von Grachten durchzogenen

historischen Innenstadt finden Sie eine Vielzahl von denkmalgeschützten Häusern. Leeuwarden (88 000 Ew.) ist das friesische Kulturzentrum – noch bekannter ist die Stadt aber als Start- und Zielort der spektakulären *Elfstedentocht,* des 200 km langen Schlittschuhrennens durch elf friesische Städtchen. Im Sommer bietet sich die Möglichkeit, eine ähnliche Tour an den Kanälen entlang mit dem Fahrrad oder auf Inlineskates zu unternehmen.

SEHENSWERTES

FRIES MUSEUM

In diesem bedeutendsten Heimatmuseum der Niederlande gibt es neben Porzellan und archäologischen Funden eine Abteilung, die Mata Hari gewidmet ist. Die berühmte Spionin aus dem Ersten Weltkrieg hatte ihre Jugend in Leeuwarden verbracht. *Di bis So 11–17 Uhr | 6 Euro, Mi frei | Turfmarkt 11 | www.friesmuseum.nl*

Insider Tipp

VEEMARKT

Jeden Donnerstag zwischen 7 und 11 Uhr wechseln auf dem Viehmarkt die prächtigsten Kühe ihren Besitzer. Den schwarzweiß gescheckten friesischen Kühen hat man eigens ein Denkmal aufgestellt: *Us Mem,* die Mutterkuh, steht in voller Größe an der Kreuzung von Harlingersingel und Harlingerstraatweg. Am Dienstag wird auf dem Gelände ein Schafmarkt, am Mittwoch ein Kälbermarkt abgehalten.

ESSEN & TRINKEN

DE NIEUWE MULDERIJ

In diesem Restaurant unweit vom Bahnhof kommen so viel wie möglich frische Produkte aus der Umgebung auf den Teller, ob Fisch, Fleisch oder Gemüse. *Mittags, So und Mo geschl. | Baljeestraat 19 | Tel. 058/213 48 02 | www.denieuwemulderij.nl* | €€

ÜBERNACHTEN

Außerhalb der friesischen Städte gibt es zahlreiche *Bêd-&-Brochje*-Quartiere, die friesische Variante vom englischen *Bed and Breakfast.* Bei den VVV-Büros bekommen Sie eine Liste mit den Adressen.

HOTEL 'T ANKER

Freundliches Hotel mitten im Zentrum. Internet gratis. *23 Zi. | Eewal 73 | Tel. 058/212 52 16 | Fax 212 82 93 | www.hotelhetanker.nl* | €

AUSKUNFT

Sophialaan 4 | Tel. 0900/202 40 60 | Fax 058/215 35 93 | www.vvvleeuwarden.nl

WESTFRIESISCHE INSELN

Die fünf Watteninseln sind unter Niederländern ein beliebtes Ferienziel, denn Texel, Vlieland, Terschelling, Ameland und Schiermonnikoog sind immer eine Reise wert. Im Frühling und im Herbst kann man herrliche Wanderungen in der frischen Brise machen und dabei den Einheimischen beim *Jutten,* dem Sammeln von Strandgut, zusehen. Im Sommer können Sie Ihre Ruhe in den unberührten Naturgebieten finden oder sich ins Getümmel an den kilometerlangen Sandstränden stürzen.

Bei günstiger Tide wird schon die Überfahrt zum Erlebnis: Dann kann

LAND UND DER NORDEN

Zwei Terrassen und Dünen bis zum Horizont: Ferienhaus auf Ameland

man die Seehunde auf den Sandbänken faulenzen sehen. Es gibt auf den Inseln zahlreiche Bungalowparks, Ferienhäuschen, Hotels, Jugendherbergen und Campinganlagen. Einen Platz für Ihr Zelt werden Sie immer finden, andere Unterkünfte müssen Sie – besonders in der Hochsaison – frühzeitig buchen. In der Hochsaison sind die Inseln über einen Fährdienst auch untereinander verbunden. Ausführliche Informationen finden Sie im MARCO POLO „Niederländische Küste".

AMELAND ★ [121 D–E1]

Die zweitöstlichste der holländischen Watteninseln erreicht man von Holwerd aus (etwa alle zwei Stunden eine Fähre). Die 3600 Ew. leben in vier Dörfern. Die Insel lässt sich am besten mit dem Fahrrad erkunden. Ein lohnendes Ausflugsziel ist die Ostplatte *(Het Oerd)*, wo Sie die Seevögel bei ihrer Nahrungssuche beobachten können. Auskunft: *Bureweg 2 (Nes) | Tel. 0519/54 65 46 | Fax 54 65 47 | www.ameland.nl*

SCHIERMONNIKOOG [122 C1]

Auf die kleinste und östlichste der fünf Inseln gelangt man von Lauwersoog vier- bis fünfmal täglich in 45 Minuten. Im Sommer kann man sie bei Ebbe in einem zünftigen Fußmarsch (Insider Tipp) aber auch von Pieterbuuren in der Provinz Groningen erreichen. Diese Tour durchs Wattenmeer ist allerdings sehr beschwerlich, weil Sie bei jedem Schritt tief einsinken und daher für die 20 km mindestens fünf Stunden brauchen.

Auf der Insel sind keine Autos zugelassen, was *Schier,* wie die Insulaner ihre Heimat kurz nennen, zu einem Fahrradparadies macht. Auskunft: *Reeweg 5 | Tel. 0519/53 12 33 | Fax 53 13 25 | www.vvvschiermonnikoog.nl*

TERSCHELLING [120–121 C–D1]

Das Wahrzeichen der Insel, der 54 m hohe, rote Leuchtturm *Brandaris,* begrüßt die Feriengäste schon von Weitem. Früher waren es die Schiffe der Ostindienfahrer, die Terschelling ansteuerten, heute sind es vor allem die Skipper der traditionellen, nun als Ferienschiffe dienenden „braunen Flotte".

Auf der 30 km langen und 5 km breiten Insel, die man von Harlingen aus zwei- bis dreimal täglich in zwei Stunden erreicht, gibt es mehrere winzige Ortschaften. Im Herbst können Sie die fast 5000 Insulaner beim Sammeln von *cranberries* beobachten. Diese amerikanischen Strauchpreiselbeeren haben eine ganz besondere Geschichte: Nach einem Sturm im 19. Jh. fand ein Strandgutsammler ein Fass, das eine rote, ihm unbekannte Sauce enthielt. Er ließ es so liegen, dass die Flüssigkeit aus dem beschädigten Fass im Boden versickerte. Seither wachsen auf Terschelling wilde *cranberries* – eine große Seltenheit in Europa. Auskunft: *Willem Barentzkade 19 (West-Terschelling) | Tel. 0562/44 30 00 | Fax 44 28 75 | www.vvvterschelling.nl*

Insider Tipp

TEXEL **[120 A–B3]**

Die westlichste der fünf Watteninseln gehört als einzige zur Provinz Noord-Holland. Man erreicht sie stündlich in 20 Fährminuten von Den Helder. Texel, das mehr Schafe (16 000) als Menschen (13 000) zählt, war ein strategisch wichtiger Punkt auf der Route der Ostindienfahrer: Das Eiland war beliebt wegen seines Quellwassers, das in den Tropen weniger schnell ungenießbar wurde als herkömmliches Wasser.

> BÜCHER & FILME

Impressionen aus einem facettenreichen Land

> **Tirza** – unnachahmlicher Stil, überraschender Plot: Arnon Grünbergs psychologische Geschichte über eine Vater-Tochter-Beziehung spielt größtenteils in Amsterdam.

> **Joe Speedboat – Keine Zeit für Helden** – Tommy Wieringas mitreißender Roman über Freundschaft und Abenteuer aus der Sicht eines Behinderten spielt in einem Dorf in der Provinz hinter den Deichen.

> **Hochzeit am Meer** – literarische Höchstleistung von Abdelkader Benali mit viel fröhlicher Ironie über eine marokkanische Familie zu Hause und in den Niederlanden.

> **Schwarzbuch** – In Paul Verhoevens preisgekröntem Film von 2006 versucht eine jüdische Frau im Zweiten Weltkrieg zu überleben. Sie schließt sich dem Widerstand an und wird die Geliebte eines SS-Mannes.

> **Shouf Shouf Habibi! – Schau ins Leben** – Eine marokkanische Familie versucht, ihren Weg in den Niederlanden zu finden, und stößt dabei auf Hindernisse – wie im echten Leben. Albert ter Heerdts empfehlenswerte Multikultikomödie von 2005 gibt es auch als DVD.

> **Simon** – Schwulenehe, Sterbehilfe und weiche Drogen: Alle diese „typisch niederländischen" Themen kommen in Eddy Terstalls wunderbarer Tragikomödie von 2004 zur Sprache. Im Zentrum des Films steht die Freundschaft zwischen dem todkranken Coffeeshopbesitzer Simon und dem homosexuellen Zahnarzt Camiel.

Die kulinarische Spezialität der Insel ist Lammfleisch: Die Tiere weiden das ganze Jahr über draußen und fressen das vom salzhaltigen Seewind zerzauste Gras. Über die Nahrung gelangt das Meersalz ins Fleisch der Lämmer und sorgt so für den würzigen Salzgeschmack. Empfohlen seien auch die acht (!) verschiedenen Sorten Kräuterliköre *(kruidenbitter)*, die auf der Insel gebrannt werden. Auskunft: *Emmalaan 66 (Den Burg) | Tel. 0222/31 47 41 | Fax 31 00 54 | www.texel.net*

Ruheoase und Paradies für Vogelfreunde: Kroonspolder auf Vlieland

VLIELAND **[120 B2]**

Die autofreie Insel, die sich auf einer Länge von 20 km und einer Breite von 2,5 km erstreckt, ist eine Oase der Ruhe. Sie erreichen sie zwei- bis dreimal täglich in 105 Minuten von Harlingen oder mit dem Schnellboot (reservieren! *Rederij Doeksen | www.rederij-doeksen.nl)* in einer Dreiviertelstunde.

Hinter dem Hafen befindet sich das einzige Dorf auf der Insel. Der Rest besteht aus Dünen, weiträumigen Vogelschutzgebieten wie dem *Kroonspolder* und der Sandplatte *Vliehors*, die zum Ärger vieler Einheimischer und Besucher militärisches Übungsgelände geworden ist. Da auch Vlieland vom Tourismus lebt, wurde mit der Armee vereinbart, dass in der Hochsaison keine Schießübungen stattfinden. In dieser Zeit ist es an Wochenenden möglich, der Sandplatte einen Besuch abzustatten. Auskunft: *Havenweg 10 | Tel. 0562/45 11 11 | Fax 45 13 61 | www.vlieland.net*

> WASSERSPORT UND HANSESTÄDTE

Im IJssel-Gebiet zwischen malerischen Orten und dem größten Nationalpark lassen sich Kunst und Erholung optimal verbinden

> Sobald man der Randstad den Rücken zuwendet, wird die Gegend ländlicher. Mit Ausnahme städtischer Ansiedlungen wie Nijmegen, Arnhem oder Enschede beherrschen im östlichen Teil der Niederlande Bauernhäuser, Felder und Wälder das Bild. Die Mehrheit der Touristen besucht dieses Gebiet denn auch, um sich in der Natur zu erholen, etwa im größten Nationalpark des Landes, De Hoge Veluwe.

Einst erstreckte sich die Provinz Overijssel von der deutschen Grenze bis zum IJsselmeer. Doch dann begann man 1942 mit der Trockenlegung des südlichen Teils dieses Binnensees, sodass 1975 ein neues, 480 km² großes Gebiet entstand, die Provinz Flevoland, zu der auch die beiden ehemaligen Inseln Urk und Schokland gehören. Overijssel und Flevoland sind ausgesprochene Wassersportparadiese. Auf einem Großteil der Flüsse und Seen kann man segeln, rudern oder Kanu fahren.

Bild: Nederlands Openlucht Museum in Arnhem

DER OSTEN

Entlang der IJssel, des Flusses, der der Provinz den Namen gibt, finden Sie eine große Zahl ehemaliger Hansestädte wie Zutphen, Deventer, Zwolle und Kampen mit größtenteils intakten Stadtkernen.

AMERSFOORT

[125 E3–4] **Die Stadt an der Eem wächst so schnell wie kaum eine andere in den Niederlanden.** Aufgrund dieses rasanten Bevölkerungszuwachses (2008 waren es 140 000 Menschen) wird eine Neubausiedlung nach der anderen gebaut. Städtebaulich besonders interessant ist das Kattenbroek-Viertel, in dem der indisch-niederländische Architekt Ashok Bhalotra seinen farbigen Ideen freien Lauf ließ.

Tabak und Bier sorgten schon im Mittelalter für Reichtum in der Hansestadt an der Eem. Das Zentrum mit dem Grachtenring und den zahlrei-

Springbrunnen in Arnhem

chen Gässchen ist gut erhalten. Insgesamt zählt Amersfoort mehr als 350 denkmalgeschützte Bauten. Außerdem ist Amersfoort als Geburtsstadt (1872) des Malers Piet Mondrian (eigentlich: Pieter Cornelis Mondriaan) bekannt.

SEHENSWERTES

MONDRIAANHUIS

Das restaurierte Geburtshaus von Piet Mondrian zeigt neben einer Sammlung seiner Werke auch eine Nachbildung seines Pariser Ateliers. *Di–Fr 10–17, Sa/So 12–17 Uhr | 5 Euro | Kortegracht 11 | www.mondriaanhuis.nl*

ONZE LIEVE VROUWETOREN

Vom fast 100 m hohen Kirchturm, der bei den Einheimischen *Lange Jan* heißt, haben Sie eine prächtige Aussicht auf das Eemland, das Gebiet um Amersfoort. *Juli/Aug. Di–So 11–18 Uhr | 4 Euro | Onze Lieve Vrouwekerkhof*

ESSEN & TRINKEN

DORLOTÉ

Auf der reichhaltigen Karte stehen Fischgerichte aus der ganzen Welt. *Sa-Mittag, So und Mo geschl. | Bloemendaalsestraat 24 | Tel. 033/472 04 44 | www.dorlote.nl | €€*

ÜBERNACHTEN

CAMPANILE AMERSFOORT

Angenehmes Mittelklassehotel in ruhiger Umgebung. *75 Zi. | De Brand 50 | Tel. 033/455 87 57 | Fax 456 26 20 | www.campanile-amersfoort.nl | €€*

AUSKUNFT

Stationsplein 9–11 | Tel. 0900/112 23 64 | Fax 033/465 01 08 | www.vvvamersfoort.nl

ARNHEM

[126 B5] **Im September 1944 landeten britische Fallschirmjäger in der Provinzhauptstadt von Gelderland (140 000 Ew.), um die strategisch wichtige Rheinbrücke zu erobern.** Bei diesen und späteren Kämpfen wurde der mittelalterliche Stadtkern fast völlig zerstört. Die Soldaten, die bei der Schlacht um Arnhem umgekommen sind, werden auf dem Brückenkopf mit einem Denkmal geehrt.

SEHENSWERTES

EUSEBIUSKERK

Auch diese dreischiffige Kirche, einer der Blickfänge der Stadt, wurde während der Schlacht um Arnhem schwer in Mitleidenschaft gezogen. Nach ihrer Restaurierung hat man einen gläsernen Panoramalift eingebaut. Dieser führt Sie am größten Glockenspiel Europas vorbei in eine Höhe von 93 m, von wo Sie eine herrliche Aussicht über die Stadt haben. *April–Okt. Di–Sa 10–17, So 12–17, Nov. bis März Di–Sa 11–16, So 12–16 Uhr | 2,50 Euro | www.eusebius.nl | Kerkplein 1*

NEDERLANDS OPENLUCHT MUSEUM

Zu Fuß oder in einer alten Straßenbahn passieren Sie in diesem großen Freilichtmuseum alte Bauernhöfe, Herrenhäuser und Werkstätten und verschaffen sich so einen Einblick in das niederländische Alltagsleben vergangener Zeiten. *Ende März–Ende Okt. tgl. 10–17 Uhr | 14,20 Euro | Schelmseweg 89 | www.openluchtmuseum.nl*

ESSEN & TRINKEN

DA GIULIO

Exquisite Trattoria mit feinen italienischen Spezialitäten. Pasta und Brot werden täglich frisch hergestellt. Tolle Weinkarte. *Sa-Mittag, So und Mo geschl. | Markt 37 | Tel. 026/442 29 90 | www.dagiulio.nl | €€€*

ÜBERNACHTEN

BED & BREAKFAST VILDTGAARD

Nahe beim Haupteingang zum Nationalpark De Hoge Veluwe liegt dieses geschmackvoll eingerichtete Haus mit großem Kamin im Foyer. *2 Zi. | Koningsweg 23 | Tel. 026/442 57 18 | Fax 351 61 29 | www.vildtgaard.nl | €*

AUSKUNFT

Stationsplein 13 | Tel. 0900/112 23 44 | www.regioarnhemnijmegen.nl

ZIELE IN DER UMGEBUNG

AIRBORNE MUSEUM OOSTERBEEK [126 A–B5]

Wenige Kilometer westlich bei Oosterbeek erinnern Fotos, Filmfragmente, Uniformen und Waffen an die Schlacht von Arnhem im September 1944. *Mo–Sa 11–17 (April–Okt. 10 bis 17), So 12–17 Uhr | 8 Euro | Utrechtseweg 232 | www.airbornemuseum.com*

APELDOORN [126 B3]

Das uralte Heidedorf am östlichen Rand der Veluwe war lange ziemlich bedeutungslos. Das änderte sich erst, als Wilhelm III. von Oranien in seinem Jagdrevier nördlich von Apeldoorn 1692 ein stattliches Schloss bauen ließ, das noch immer als größte

MARCO POLO HIGHLIGHTS

★ **Kröller-Müller-Museum**
Picasso, Mondrian, van Gogh und Co. im Freilichtmuseum im Nationalpark (Seite 74)

★ **Giethoorn**
Mit dem Stechkahn durchs niederländische Venedig *punteren* (Seite 78)

★ **Nieuw Land Erfgoed Centrum**
Das Museum in Lelystad zeigt den Kampf der Holländer gegen das Wasser (Seite 76)

★ **Urk**
Hafenatmosphäre im schönsten Fischerdorf (Seite 78)

Attraktion des Orts gilt. Heute ist Apeldoorn eine beschauliche Villenstadt mit 150 000 Ew. und vielen Gärten und Parks. Das Lustschloss *Paleis het Loo (Di–So 10–17 Uhr | 10 Euro | Koninklijk Park 1, Eingang Amersfoortseweg | www.paleishetloo.nl)* liegt mitten in einem weitläufigen, von hohen Bäumen umgebenen Park. Bis 1975 diente es der königlichen Familie als Sommerresidenz. Wilhelmina, die Großmutter von Königin Beatrix, lebte hier bis zu ihrem Tod 1962. Seit Mitte der Achtzigerjahre ist das Palais ein Museum. Sie finden hier 300 Jahre Oraniergeschichte: Gemälde, Silber, königliche Gewänder und in den Stallungen königliche Kutschen, Schlitten und Hofwagen.

>LOW BUDGET

- Jeden dritten Sonntag im Monat halten die Kunstschaffenden in Amersfoort einen Tag der offenen Tür ab. Die *Kijk Route* („Kuckroute") führt von Maler zu Bildhauer und von Musiker zu Keramikkünstler. *13–17 Uhr | www.kunstkijkroute.nl*
- Der Nationalpark De Hoge Veluwe lässt sich am besten mit dem Fahrrad erkunden. Dafür stehen 1700 weiße Gratisräder zur Verfügung – auch Kinderräder und mit Kindersitzen ausstaffierte Räder gehören dazu. Man kann sie an den Eingängen ausleihen oder bei einer der vier Sammelstellen.
- Gratis in die Steinzeit: Im Naturpark von Lelystad bauen freiwillige Helfer das prähistorische Dorf *Swifterkamp (Vlotgrasweg 15, Eingang via Naturpark | www.spnf.net)* nach. Zuschauen können Sie von Sonnenauf- bis Sonnenuntergang, und es kostet keinen Eintritt.
- Das Open-Air-Hospiz *Aap Primadomus (tgl. 9.30–16 Uhr | www.aap.nl)* in Almere, wo Affen aus dem Zirkus oder dem Versuchslabor zur Ruhe kommen sollen, kann gratis besichtigt werden.

NATIONALPARK DE HOGE VELUWE [126 B4]

Mit einer Fläche von 55 km² ist dieser Nationalpark das größte Naturschutzgebiet der Niederlande. De Veluwe, wie die Niederländer diese Heide- und Waldlandschaft kurz nennen, kann man auf einem 42 km langen Radwegnetz erkunden. Insider Tip Es gibt zahlreiche Wander- und Reitwege, von denen aus Sie zweifellos viele Tiere sehen werden: Füchse, Wiesel, Hirsche oder Wildschweine. *Nov. bis März tgl. 9–18, April 8–20, Mai und Aug. 8–21, Juni/Juli 8–22, Sept. 9 bis 20, Okt. 9–19 Uhr | 7,50 Euro | Hoenderloo | www.hogeveluwe.nl*

Im Park liegt das ★ *Kröller-Müller-Museum (tgl. 10–16.30 Uhr | 15 Euro | Otterlo | www.kmm.nl):* Im ehemaligen Jagdschloss des Rotterdamer Kaufmanns Anthony Kröller finden Sie eine großartige Kollektion bildender Kunst aus dem 19. und 20. Jh. von van Gogh bis Braque und von Picasso bis Mondrian. Das Museum ist von einem weitläufigen Skulpturenpark umgeben, mit Plastiken u. a. von Henry Moore und Paul Rodin.

ZUTPHEN [126 C4]

Die kleine Festungsstadt (35 000 Ew.) 30 km nordöstlich an der IJssel ist sonntags ein beliebtes Ausflugsziel für Radler. Ein beachtlicher Teil der alten Stadtmauern und -tore ist bis heute erhalten geblieben. Das wohl schönste Beispiel dafür ist der *Berkelpoort,* ein Wassertor von 1312. Im Zentrum der einstigen Hansestadt stehen zahlreiche denkmalgeschützte Patrizierhäuser und andere historische Gebäude. Der vielen Kirchtürme wegen wurde der Ort früher die „turmreiche Stadt“ genannt. Die größte Kirche, die *St. Walburgskerk,* ist reich an Wand- und Gewölbemalereien aus dem 15. Jh. Eindrucksvoll sind auch das kupferne Taufbecken und die Grabstätten der Grafen von Zutphen. Im Kapitelsaal finden Sie eine mittelalterliche Bibliothek *(librije)* mit 400 alten, zum Teil von Hand geschriebenen Büchern. Das Gotteshaus wurde 1999 gründlich renoviert. Im historischen *Haus De Wildeman* befindet sich zwischen dem aus dem 19. Jh. stammenden, vorderen Teil und dem mittelalterlichen, hinteren Teil eine Geheimkapelle von 1628. Außerdem zeigt hier das *Museum Henriette Polak (Di–So 11–17 Uhr | 3,50 Euro | Zaadmarkt 88 | www.museumhenriettepolak.nl)* eine Sammlung moderner niederländischer Kunst. Auskunft: *Stationsplein 39 | Tel. 0900/269 28 88 | Fax 0575/51 79 28 | www.vvvzutphen.nl*

Kunst im Naturpark: Das Kröller-Müller-Museum begeistert auch Museumsmuffel

LELYSTAD

[121 D6] Die Hauptstadt der Provinz Flevoland trägt ihren Namen zu Ehren von Cornelis Lely, dem „Erfinder“ des Abschlussdeichs und der Trockenlegung der

Zuiderzee. Sie ist mit Enkhuizen in Noord-Holland über einen knapp 30 km langen Damm verbunden. Die in den Sechzigerjahren auf dem Reißbrett entstandene Stadt (65 000 Ew.) ist wegen ihrer Nähe zum IJsselmeer ein vor allem bei Seglern und Surfern beliebtes Standquartier.

SEHENSWERTES

BATAVIA WERF

In der Werft sehen Sie die Rekonstruktion eines alten Segelschiffs. Der Dreimastschoner Batavia lief 1995 nach zehnjähriger Bauphase vom Stapel. In der Werft wird nun von ehrenamtlichen Helfern „De Seven Provinciën" gebaut, ein Replikat des Flaggschiffs von Admiral de Ruyter von 1665. *Tgl. 10–17 Uhr | Kombiticket mit Nederlands Instituut voor Scheeps- en Onderwaterarcheologie 11 Euro | Oostvaardersdijk | www.bataviawerf.nl*

Insider Tipp

NATUURPARK LELYSTAD

In diesem großen Park leben Störche, Rentiere, Hirsche, Biber und zahlreiche andere Tiere. Sie können zu Fuß oder mit dem Fahrrad auf Erkundungstour gehen. *Frei zugänglich | Meerkoetenweg 1 a*

NEDERLANDS INSTITUUT VOOR SCHEEPS- EN ONDERWATERARCHEOLOGIE

In diesem 1999 in der Batavia-Werft eingerichteten Museum für Schiffs- und Unterwasserarchäologie finden Sie Wracks und andere nautische Sehenswürdigkeiten, die beim Einpoldern der Zuiderzee entdeckt worden sind. *Tgl. 10–17 Uhr | Kombiticket mit Batavia Werf 11 Euro | Oostvaardersdijk*

NIEUW LAND ERFGOED CENTRUM ★

Das in einem futuristischen Gebäude neben der Batavia-Werft eingerichtete Poldermuseum zeigt den Kampf der Holländer gegen das Wasser. Anhand von eindrucksvollen alten Filmen und Ausstellungen wird die Geschichte der Zuiderzee erzählt und erklärt, wie aus dem Wasser Polderland entstanden ist. *Di–Fr, Juli/Aug. Mo–Fr 10–17, Sa/So 11.30–17 Uhr | 7,50 Euro | Oostvaardersdijk 1–13 | www.nieuwlanderfgoedcentrum.nl*

ESSEN & TRINKEN

'T DIJKHUYSJE

In diesem Haus auf dem Deich kommen französisch angehauchte Fisch- und Fleischgerichte auf den Tisch. *Tgl. | Oostvaardersdijk 57 | Tel. 0320/26 20 22 | www.restauranthetdijkhuysje.nl | €€*

GOUDEN HUIS

Insider Tipp

In dem chinesisch-indischen Wokrestaurant können Sie den Köchen über die Schulter gucken. Montags bis donnerstags gibts ein Dinner-Wok-Buffet für 17 Euro. *Mo–Fr mittags geschl. | Weversstraat 18 | Tel. 0320/22 14 03 | www.goudenhuis.nl | €–€€*

WILLEM BARENTZ

Kaffee und Kuchen im Park. Von diesem idyllischen Caférestaurant aus haben Sie eine tolle Aussicht auf die umliegende Natur. *Tgl. | Vlotgrasweg 11 | Tel. 0320/28 61 43 | €*

ÜBERNACHTEN

DOORS LOGIES

Bed-&-Breakfast-Gelegenheit in einfachem Haus. *2 Zi. | Bronsweg 18 | Tel. 0320/23 38 01 | Fax 23 17 89 | €*

APOLLO HOTEL LELYSTAD CITY CENTER
Zu diesem großen, modernen Hotel und Kongresshaus zwei Gehminuten vom Bahnhof gehören auch ein Wok- und ein Steakrestaurant. Internetzugang gratis. *86 Zi. | Agoraweg 11 | Tel. 0320/24 24 44 | Fax 22 75 69 | www.hotellelystad.nl | €€€*

AUSKUNFT

De Meent 14 | Tel. 0320/27 82 22 | www.touristinfo.lelystad.nl

ZIELE IN DER UMGEBUNG

BLOKZIJL [121 E5]
Der ehemalige Zuiderzeehafen gut 35 km nordöstlich hat viel von seinen alten Reichtümern bewahrt. Besonders schön sind die sorgfältig renovierten Kaufmannshäuser rund um den Hafen. Blokzijl war in früheren Jahren ein berüchtigtes Piratennest. Heute liegen im Sommer im Hafen zahlreiche moderne Yachten vertäut. Bei der Schleuse finden Sie das gerühmte Restaurant *Kaatje bij de Sluis (Sa-Mittag, So und Mo geschl. | Tel. 0527/29 18 33 | www.kaatje.nl | €€€).*

DE WEERRIBBEN [121 F5]
Wasser und Schilf prägen den 35 km² großen Nationalpark im Nordwesten der Provinz Overijssel in der Nähe von Steenwijk. De Weerribben ist ein Sumpfgebiet, das durch Torfabbau entstanden ist. Zu Fuß auf den Wanderwegen, mit dem Kanu, dem Ruderboot oder dem Fahrrad unterwegs, kann man oft Purpurreiher erspähen. Wer die Ruhe genießen möchte, mietet in Ossenzijl ein „Flüsterboot" mit Elektromotor *(April–Okt. tgl. 10 bis 18 Uhr | Hoogeweg 27).* Insider Tipp

Landeanflug in der Rushhour: Storchennest im Naturpark Lelystad

GIETHOORN ★ [121 F5]
In diesem von zahlreichen Seen und Kanälen umgebenen Moorgebiet, das im Volksmund daher gelegentlich auch „Venedig des Nordens" genannt wird, ist das beliebteste Transportmittel das Boot, genauer: der Stechkahn. Das ehemalige Moordorf (12 000 Ew.) 45 km nordöstlich zieht im Sommer viele Touristen an. Überall können Sie Boote mieten und die spezielle Technik des *punteren* lernen: Mit einem langen Stab „sticht" man das Schiff Meter um Meter vorwärts.

URK ★ [121 D6]
25 km nordöstlich liegt das wohl schönste Fischerdörfchen in den Niederlanden. Am malerischen Hafen können Sie die Kutter der Fangflotte auslaufen sehen. Eindrucksvoll ist der Gedenkstein im Dorfzentrum, der an die Fischer erinnert, die im Sturm ertrunken sind. Die ehemalige Insel lockt außerdem mit mehreren guten Fischrestaurants, z. B. *De Zeebodem (So, Sept.–März auch Mo geschl. | Wijk 1–67 | Tel. 0527/68 32 92 | www.dezeebodem.nl | €€).*

ZWOLLE [121 F6]
Schon von Weitem fällt der markante Turm der *Onze Lieve Vrouwekerk* auf. Das 80 m hohe Bauwerk heißt im Volksmund *peperbustoren* (Pfefferbüchsenturm). Von dort haben Sie eine schöne Aussicht über das historische Herz der 45 km östlich von Lelystad gelegenen Stadt (110 000 Ew.), den sternförmig angelegten Stadtgraben und die zum Teil in die Stadtmauern eingebauten alten Häuser. Dabei fällt der fünftürmige *Sassenpoort* (Sachsentor) von 1408 ins Auge. Der Ort, der sich später der Hanse anschloss, entstand bereits im 8. Jh., als sich friesische Kaufleute zwischen den beiden Nebenarmen des Flusses Zwarte Water niederließen. Später baute man den Hafen mit zahlreichen Handelshäusern und Speichern. Heute lebt die Stadt von Handel, Industrie und Viehzucht. Freitags findet in Zwolle der zweitgrößte Viehmarkt der Niederlande statt. In einem Kloster aus dem 16. Jh. befindet sich das französische Restaurant *De Librije (Di-Mittag und Sa–Mo geschl. | Broerenkerkplein 13 | Tel. 038/421 20 83 | www.li*

> KLUB LANGE MENSEN

So flach das Land, so lang seine Bewohner(innen)

KLM ist nicht nur die Abkürzung der niederländischen Fluggesellschaft, die drei Buchstaben stehen auch für „Klub Lange Mensen". Im Gegensatz zu früher braucht der 2,21 m große KLM-Präsident Rob Bruintjes seine Kleider, Schuhe oder sein Bett aber nicht mehr auf Maß anfertigen zu lassen. Da es mittlerweile mehr als eine halbe Million holländischer Riesen gibt, hat sich der Handel auf dieses nicht zu unterschätzende Marktsegment eingestellt. Die Wissenschaft hat für das Phänomen bisher keine eindeutige Erklärung. Während die einen den Grund in der eiweißreichen Ernährung sehen, machen andere Umweltfaktoren dafür verantwortlich.

Boote und Stechkähne sind das angemessene Transportmittel in Giethoorn

brije.com | €€€). Es wurde mehrmals von Gastrokritikern zum besten des Landes gekürt. Unbedingt reservieren!

NIJMEGEN

[126 B5–6] **Die gemütliche Stadt (150 000 Ew.) an der Waal ist berühmt für ihre Thermalquellen.** Eine wichtige Rolle spielt auch die Uni – das junge Volk bringt viel Leben in die Stadt. Mehr als 20 Jahrhunderte haben in Nijmegen kulturelle und historische Spuren hinterlassen. Karl der Große ließ auf dem Valkhof eine Pfalz errichten, und Friedrich Barbarossa besaß hier eine Burg. Im Zweiten Weltkrieg zerstörten deutsche Bomben Teile der Innenstadt.

SEHENSWERTES

Insider Tipp

NATIONAAL FIETSMUSEUM VELORAMA

Natürlich ist dem Fahrrad in den Niederlanden ein Museum gewidmet. Sie sehen 250 historische Zwei- und Dreiräder sowie ein paar Oldtimer. *Mo–Sa 10–17, So 11–17 Uhr | 5 Euro | Waalkade 107 | www.velorama.nl*

ESSEN & TRINKEN

An der *Waalkade* am Flussufer gibt es zahlreiche Straßencafés, in denen Sie auch essen können.

HET HEIMWEE

Kreative französische Küche, nette Bedienung. *So und mittags geschl. | Oude Haven 7680 | Tel. 024/322 22 56 | www.heimwee.com* | €€–€€€

'T HOOGSTRAATJE

Pfannkuchenrestaurant in denkmalgeschütztem Haus von 1892. *Tgl. | Hoogstraat 3 | Tel. 024/360 46 59* | €

ÜBERNACHTEN

ATLANTA

Hübsches Mittelklassehotel im Zentrum. Grandcafé mit großer Terrasse. *17 Zi. | Grote Markt 38–40 | Tel. 024/360 30 00 | Fax 360 32 10 | www.atlanta-hotel.nl* | €€

AUSKUNFT

Keizer Karelplein 32 h | Tel. 0900/112 23 44 | Fax 024/329 78 79 | www.vvvnijmegen.nl

> WO SANFTE HÜGEL SICH ERHEBEN

Schlemmen ist eine Lieblingsbeschäftigung in Limburg und Noord-Brabant

> Vergessen Sie alles, was Sie in topografischer Hinsicht bisher über die Niederlande gelesen haben, denn in Limburg ist alles anders. Während die Landschaft anderswo topfeben ist, kann Ihr Blick hier in der südlichsten Provinz der Niederlande über sanft abfallende Hügel schweifen. Auch die Mentalität der Menschen ist ganz anders als im Norden. Die vorwiegend katholischen Limburger sind lebenslustige, fröhliche Genießer – ein Umstand, den sie vielleicht den Römern zu verdanken haben, die einst ihre Handelsniederlassungen an der Maas errichteten. Die Provinz ist das Zentrum der Feinschmecker. Limburgische Spargel sind ebenso ein nationaler Begriff wie *vlaai,* ein Obstkuchen mit Puddingfüllung. Bekannt ist die Region aber auch für ihr gutes Bier.

Das Volk im Süden hat eine bewegte Geschichte hinter sich, war mal französisch, mal belgisch, mal

Bild: Maastricht

DER SÜDEN

deutsch und gehört erst seit gut 100 Jahren zu den Niederlanden. An Limburg schließt sich im Westen die Provinz Noord-Brabant an mit den Städten Eindhoven und ’s-Hertogenbosch.

’S-HERTOGEN-BOSCH

[130 B–C1] **’s-Hertogenbosch bedeutet wörtlich „in den Wäldern des Herzogs“, doch wird der lange Name meist auf Den Bosch verkürzt.** Die Hauptstadt der Provinz Noord-Brabant ist das historische und kulturelle Zentrum dieses Landstrichs. Im späten Mittelalter entwickelte sich Den Bosch zum Zentrum des Woll- und Tuchhandels. Während die städtischen Festungsanlagen die Zeiten nicht überdauerten, haben die 130 000 „Herzogenbuscher“ nichts von ihrem lebensfrohen Naturell eingebüßt – wie vor allem zur Karnevalszeit zu merken ist. 's-Hertogenbosch hat nicht umsonst den Ruf, die *gezelligste* Stadt der Niederlande zu sein.

SEHENSWERTES

BOOTSRUNDFAHRT ★

Eine Rundfahrt auf der durch die Stadt fließenden *Binnendieze* ist etwas ganz Besonderes, weil die Schiffe teilweise unter den Gebäuden durchfahren. *Mitte April–Okt. ab Molenstraat 15 a Mo 14–17.20, Di–So 10–17.20 Uhr, ab Voldersgat Mo 14.15–16.15, Di–So 11.15–16.15 Uhr | ab 6 Euro | www.kringvrienden.nl*

NOORDBRABANTS MUSEUM

Im ehemaligen Gouverneurspalast aus dem 18. Jh. finden Sie eine Kollektion, die Kultur, Geschichte und bildende Kunst aus den südlichen Niederlanden umfasst. *Di–Fr 10–17, Sa/So 12–17 Uhr | 7 Euro | Verwersstraat 41 | www.noordbrabantsmuseum.nl*

ST. JANSKATHEDRAAL

Die großartige spätgotische Kreuzbasilika mit üppigen Ornamenten steht im Zentrum des Altstadtdreiecks. Im Sommer ist mittwochs von 11.30 bis 12.30 Uhr im Turm das Glockenspiel mit seinen 50 Glocken zu hören. *Tgl. 9–17 Uhr | Eintritt frei | Choorstraat | www.sint-jan.nl*

Insider Tipp

Mit stattlichen 115 × 62 m ist die St. Janskathedraal die größte Kirche der Niederlande

ESSEN & TRINKEN

Wer ein Café sucht, geht am besten in die *Putstraat* oder in die *Parade* neben der Kathedrale.

EETERIJ 'VERSCHIL
Gemütliches Restaurant im Herzen der Stadt. Im Winter steht geräuchertes Spanferkel auf der Karte – köstlich! *Mo geschl. | Kerkstraat 42 | Tel. 071/614 29 52 | www.eeterijverschil.nl* | €

DE OPERA
Internationale Küche zwischen antikem Kinderspielzeug: Das Pächterehepaar leidet an Sammelwut – und serviert ausgezeichnete Fisch- und Spargelgerichte. *Mittags, So und Mo geschl. | Hinthamerstraat 115–117 | Tel. 073/613 74 57 | www.de-opera.nl* | €€€

BRASSERIE IN DEN ZEVENDEN HEMEL
Klassische, leicht französisch angehauchte Küche in angenehmer Atmosphäre. *Mittags geschl. | Korte Putstraat 13–17 | Tel. 073/690 14 51 | www.indenzevendenhemel.nl* | €€

ÜBERNACHTEN

JO VAN DEN BOSCH
Zentral gelegenes, familiär geführtes Dreisternehaus zehn Fußminuten vom Zentrum mit komfortablen Zimmern. *11 Zi. | Boschdijkstraat 39 a | Tel. 073/613 82 05 | Fax 614 80 26 | www.jovandenbosch.nl* | €€

AUSKUNFT

Markt 77 | Tel. 0900/112 23 34 | Fax 073/612 89 30 | www.vvvdenbosch.nl

ZIEL IN DER UMGEBUNG

BERKEL-ENSCHOT [130 B1]
Rund 25 km südwestlich befindet sich in diesem Vorort von Tilburg eine der originellsten Bierbrauereien des Landes. Insider Tipp In der dortigen Abtei brauen Mönche nach Rezepten des 19. Jhs. das „Trappistenbier". Sie können dabei zuschauen und das Bier im *proeflokaal* testen. *Trappistenbrouwerij De Koningshoeven | April bis Okt. tgl. 11–19, Nov.–März Di–So 11–18 Uhr, mehrmals tgl. geführte Touren | 10 Euro | reservieren unter Tel. 013/572 26 50 | www.latrappe.nl*

MAASTRICHT

[131 D6] **In der Hauptstadt der Südprovinz Limburg sei das Leben besser als anderswo, behaupten (nicht nur) die Einheimischen.** Der lebenslustige, quirlige Ort am Fuß des St. Pietersberg hat ein fast burgundisches Gesicht, und seine gut 120 000 überwiegend katholischen Bewohner sind anders als der Rest der Niederländer. Das werden Sie schon an der Sprache bemerken,

MARCO POLO HIGHLIGHTS

★ **Bootsrundfahrt**
Stadtrundfahrt durch 's-Hertogenbosch: mit dem Boot unter den Häusern hindurch (Seite 82)

★ **Bonnefantenmuseum**
Von außen wie von innen sehenswert: moderne Kunst und alte Gemälde in Maastricht (Seite 84)

★ **St.-Pietersberg-Grotten**
Eine unvergessliche Stunde in den 200 km langen Grottengängen in Maastricht (Seite 84)

★ **Vaalser Berg**
In der hügeligen Landschaft Südlimburgs tragen die Lokale auf einmal Namen wie „Berg und Tal" (Seite 86)

denn hier spricht man einen eigenen Dialekt, der zwar mit deutschen Worten gespickt ist, sich aber doch nicht so einfach verstehen lässt.

Die alte Festungsstadt blickt auf eine bewegte Geschichte zurück: Schon etwa 50 v. Chr. ließen sich römische Händler an dem Fluss nieder, der der Stadt den Namen gibt. Im Verlauf der Geschichte gehörte die Perle im Süden der Niederlande zum Machtbereich der Herzöge von Brabant, der Spanier, der Oranier, der Franzosen und der Belgier.

SEHENSWERTES

BONNEFANTENMUSEUM ★

In dem wie ein Silo im Raketendesign aussehenden Bau des italienischen Architekten Aldo Rossi finden Sie vor allem viele Pieter-Brueghel-Bilder. Daneben gibt es eine interessante Archäologieabteilung sowie eine große Sammlung Maastrichter Keramik und Silber, außerdem interessante Wechselausstellungen. *Di–So 11–17 Uhr | 8 Euro | Avenue Céramique 250 | www.bonnefanten.nl*

MUSEUM SPAANS GOUVERNEMENT

Kapitelhaus aus dem 16. Jh. mit einer Reihe von Gemächern, die wie anno dazumal eingerichtet sind. *Mi–So 13 bis 17 Uhr | 4 Euro | Vrijthof 18 | www.museumaanhetvrijthof.nl*

ST.-PIETERSBERG-GROTTEN ★

Diese berühmten Grotten sind durch den Abbau von Mergel als Baustein entstanden. Im Lauf der Jahrhunderte kam so ein Labyrinth mit mehr als 20 000 Gängen zustande. Während der vielen Belagerungen von Maastricht dienten die Grotten als Schutzraum. Im August gibt es täglich (in der zweiten Julihälfte Sa/So) um 14.50 Uhr eine Führung auf Deutsch. Insider Tipp Achtung: In den Grotten herrscht eine Temperatur von neun bis zehn Grad! *Saisonal stark schwankende Öffnungszeiten, im Winter nur Sa/So, im Sommer tgl. | Eingang Nordgrotten Luikerweg 71, Südgrotten bei der Zementfabrik ENCI | 4,95 Euro | www.pietersberg.nl, www.maastrichtunderground.nl*

ST.-SERVAAS-KERK

Über dem Grab des heiligen Servatius entstand im 11. Jh. diese Kirche. Karl der Große legte den Grundstock für einen bedeutenden Reliquienschatz, den man bis heute besichtigen kann. Sehenswert ist auch das Bergportal aus dem 13. Jh., dessen Reliefs biblische Szenen zeigen. *Mo–Sa 10–17, So 12.30–17 Uhr | 3,80 Euro | Keizer Karelplein 3 | www.sintservaas.nl*

VRIJTHOF

Im Zentrum finden Sie diesen fast „unniederländischen" Platz: Wegen der vielen Platanen und Straßencafés wähnt man sich in einer französischen Stadt. Rund um den Vrijthof finden Sie zahlreiche Restaurants.

ESSEN & TRINKEN

LE BON VIVANT

Chefköchin Ans van de Staay zaubert exquisite französische Menüs auf die Teller. *Mittags, So und Mo geschl. | Capucijnenstraat 91 | Tel. 043/321 08 16 | www.lebonvivant.nl* | €€€

GINGER

Zentral gelegen, modern eingerichtet mit Sitzwürfeln und großen Fotos an den Wänden. Asiatisch angehauchte Küche (viele Sushigerichte!). *Sa-Mittag und So-Mittag geschl. | Tongersestraat 7 | Tel. 043/326 00 22 | www.restaurantginger.nl* | €–€€

KIWI

Trendiges Lokal mit italienischen und spanischen Tapas zu je 5 Euro. *So-Mittag und Mo-Mittag geschl. | Achter het Vleeshuis 27 | Tel. 043/321 63 75 | www.kiwimaastricht.com* | €

IN DEN OUDEN VOGELSTRUYS ▶▶

Eine der schönsten Kneipen der Stadt und so etwas wie das Wohnzimmer der Maastrichter. Unter den Porträts alter Stammkunden trinken morgens vor allem die älteren Einheimischen ein Gläschen. Im Sommer sitzt man draußen. *So–Do 9.30–2, Fr/Sa 9.30 bis 3 Uhr | Vrijthof 15 | www.vogelstruys.nl*

JEAN LA BROUCHE

Unweit vom Vrijthof köstliche Fisch- und Fleischgerichte mit aparten Saucen. *Mittags und Mo/Di geschl. | Tongersestraat 9 | Tel. 043/321 46 09* | €€–€€€

ÜBERNACHTEN

HOTEL BEAUMONT

Freundliches Mittelklassehotel zwischen Bahnhof und Wycker Brücke mit eigenem Restaurant. *121 Zi. | Wycker Brugstraat 2 | Tel. 043/325 44 33 | Fax 325 36 55 | www.beaumont.nl* | €€–€€€

BOTEL MAASTRICHT

Die Maas wiegt einen in den Schlaf, obwohl das Schiff selbst nicht unbe-

Raketenbasis? Reaktorkuppel mit Ausblick? Bonnefantenmuseum in Maastricht!

dingt romantisch ist. *30 Zi. | Maasboulevard 95 | Tel. 043/321 90 23 | Fax 325 79 98 | www.botelmaastricht.nl | €*

KRUISHERENHOTEL

Übernachten in der Kirche, frühstücken auf der Kanzel: Dieses luxuriöse Designhotel im Zentrum ist aus einem ehemaligen Kloster samt gotischem Gotteshaus entstanden. Originelle Glaslifte und wunderbare Bibliothek. *60 Zi. | Kruisherengang 19–23 | Tel. 043/329 20 20 | Fax 323 30 30 | www.chateauhotels.nl | €€€*

AM ABEND

DE ALLA ▸▸

Dance-Club beim Vrijthof, von vielen Studenten frequentiert. Die DJs legen vor allem Aktuelles auf. *So–Fr 24–6, Sa 23–6 Uhr | Leliestraat 5–7 | www.alla.nl*

AUSKUNFT

Kleine Staat 1 | Tel. 043/325 21 21 | Fax 321 37 46 | www.vvvmaastricht.nl

>LOW BUDGET

- „Tor zur Hölle": *Helpoort* heißt das letzte Stück der Maastrichter Stadtmauer von 1229, das gratis besichtigt werden kann: *Ostern–Sept. tgl. 13.30 bis 16.30 Uhr | St. Bernardusstraat*
- Die SS richtete während der deutschen Besatzung in Vught bei Den Bosch ein Durchgangslager ein. Ein Teil von *Kamp Vught (Di–Fr 10–17, Sa/So 12–17 Uhr | Lunettenlaan 600 | www.nmkampvught.nl)* wurde wiederaufgebaut; im Besucherzentrum wird an die Insassen erinnert – der Eintritt ist frei.

ZIEL IN DER UMGEBUNG

THORN [131 D4] Insider Tipp

Der Kern dieses kleinen Städtchens (3000 Ew.) knapp 40 km nördlich an der belgischen Grenze besteht aus weiß getünchten Häusern aus dem 18. Jh. Im Volksmund heißt der Ort deshalb *het witte stadje,* das weiße Städtchen. In früheren Zeiten war das Zentrum ein Kloster, das so großes Ansehen genoss, dass adlige Eltern ihre Töchter gleich nach der Geburt auf eine Warteliste setzen ließen. Im 19. Jh. wurden die meisten Klostergebäude abgerissen, das Straßenmuster und die Abteikirche blieben jedoch erhalten. Heute gibt es im Zentrum zahlreiche Kneipen. Auskunft: *Wijngaard 8 | Tel. 0475/56 10 85 | Fax 56 55 69 | www.vvv-middenlimburg.nl*

VAALSER BERG ★ [131 E6]

Mit sage und schreibe 322,5 m ist der Vaalser Berg der höchste Punkt der Niederlande. Er liegt 25 km südöstlich von Maastricht im Dreiländereck Niederlande/Belgien/Deutschland. Wer sich verirren möchte, kann sich in das aus 17 000 Buchsbäumen bestehende Grenzlabyrinth begeben. Insider Tipp Eine herrliche Aussicht haben Sie vom *König-Baudouin-Turm* aus.

VALKENBURG [131 D6]

Das limburgische „Bergstädtchen" gut 10 km östlich besitzt eine lange touristische Tradition. Schon im 19. Jh. kamen die Reichen von Aachen und Lüttich, um sich hier zu erholen. Mittlerweile tummeln sich in Valkenburg (18 000 Ew.) im Sommer Tausende von Menschen. Wie früher kommen auch heute noch viele zum Baden im mineralhaltigen Wasser

(Wellnesscenter Thermae 2000 | www.thermae.nl). Das Städtchen ist auch ein Mekka für junge Radler, bei denen die in dieser Gegend häufigen Haarnadelkurven äußerst beliebt sind. Auskunft: *Th. Dorrenplein 5 | Tel. 0900/555 97 98 | Fax 043/601 66 40 | www.vvvzuidlimburg.nl*

Maas große Teile überschwemmt hatte. Im *Limburgs Museum (Di–So 11–17 Uhr | 7,50 Euro | Keulsepoort 5 | www.limburgsmuseum.nl)* können Sie die Geschichte der Provinz Limburg hören, fühlen und riechen. Insider Tipp Dargestellt wird auch das Familienleben der letzten 200 Jahre, u. a. anhand der

Die Ruine Valkenburg thront über dem gleichnamigen Städtchen

Kleidungssitten und der Karnevalskostüme. Das *Museum Van Bommel Van Dam (Di–So 11–17 Uhr | 4 Euro | Deken van Oppensingel 8 | www.vanbommelvandam.nl)* zeigt vor allem zeitgenössische Kunst.

Reichhaltige, internationale Küche – von spanischen Vorspeisen bis zu amerikanischen Steaks – bekommen Sie im *Valuas (So geschl. | Sint Urbanusweg 9–11 | Tel. 077/354 11 41 | www.valuas-hr.nl | €€–€€€).* Ein freundliches Familienhotel in Bahnhofsnähe ist das *American (18 Zi. | Keulsepoort 14 | Tel. 077/351 54 54 | Fax 352 14 44 | www.hotelamerican.nl | €€).* Auskunft: *Nieustraat 40–42 | Tel. 0900/040 02 16 | Fax 077/351 41 53 | www.vvvnoordlimburg.nl*

VENLO [131 E3]

Die Grenzstadt (90 000 Ew.) rund 60 km nördlich ist bei Deutschen als Einkaufsstadt beliebt. Die Stadtrechte hat Venlo schon im Mittelalter erhalten, als die Maasstadt ein wichtiger Handelsplatz war. Landwirtschaftliche Güter sind heute noch wichtig: Die Tomaten, Champignons, Spargel und Gurken, die in den Gewächshäusern und auf den Feldern der Umgebung wachsen, werden in Venlo umgeschlagen. Die Stadt ist daher auch bekannt für ihren bunten, viel besuchten *Samstagsmarkt (8–14 Uhr)* mit Gerümpel und Kleidern sowie Blumen und Pflanzen. In den letzten Jahren geriet das Städtchen immer wieder in die Schlagzeilen, weil die

> VON WEST-BRABANT INS INSELREICH ZEELAND

Wandern, radeln, surfen und segeln: Im Südwesten der Niederlande ist Natururlaub Trumpf

> Tauchen in der Brandung vor der Küste von Walcheren, segeln auf der Oosterschelde, windsurfen auf dem Veerse Meer: Wassersportler finden in Zeeland genug Platz, um ihrem Hobby zu frönen.

Wer Lust hat, kann sich sogar jeden Tag einen anderen Strand suchen, denn die westlichste Provinz der Niederlande besteht aus mehreren Inseln, die über zahlreiche Dämme und Brücken miteinander verbunden sind. In dieser Gegend, wo so manche Flutkatastrophe gewütet hat, kann man entdecken, was die Niederländer alles bewerkstelligt haben, um der Wassermassen Herr zu werden.

Wer genug hat von Sonne, Strand und Wasser, kann sich in die reiche Geschichte der Zeeland-Inseln vertiefen: etwa in der Hauptstadt Middelburg, die an die 1000 unter Denkmalschutz stehende Gebäude zählt, oder, schon im westlichen Zipfel der Provinz Noord-Brabant gelegen, in

Bild: Strandhäuschen in Vlissingen/Zeeland

DER SÜDWESTEN

den mittelalterlichen Handelsstädten Bergen op Zoom und Breda. Ausführliche Informationen zur Provinz Zeeland finden Sie im MARCO POLO Band „Niederländische Küste".

BERGEN OP ZOOM

[129 D4] **Wenn Sie gerne Sardellen, Spargel und Erdbeeren mögen, sind Sie in der ehemaligen Markgrafenstadt Bergen (65 000 Ew.) genau am richtigen Ort.** Aus der Oosterschelde kommen die kleinen Fischchen, und die Spargel und Erdbeeren wachsen in den Treibhäusern östlich der Stadt.

Die frühmittelalterlichen Stadtmauern erinnern noch heute an die blühende Zeit der Markgrafen, als die Oosterschelde die wichtigste Verbindungsroute nach Antwerpen darstellte und Bergen op Zoom so mit der halben Welt Handel trieb. Die Stadt verlor ihre Bedeutung, als die Meeresbucht ab der Mitte des 16. Jhs. immer mehr versandete und die Schiffe auf der Westerschelde nach Belgien fuhren.

Grote Kerk am Grote Markt: Kaffeepause am Marktplatz in Breda

SEHENSWERTES

GEVANGENPOORT ODER LIEVEVROUWEPOORT

Unweit vom Markiezenhof steht ein Tor aus weißem Naturstein. Dieses älteste Baudenkmal von Bergen op Zoom ist ein übrig gebliebener Teil der Verteidigungsmauern aus dem 14. Jh. *Lieve Vrouwenstraat*

GROTE MARKT

Auf dem dreieckigen Platz im Herzen der Stadt gibt es viele Kneipen und Restaurants, von denen Sie einen schönen Blick auf die mittelalterlichen Gebäude mit reich verzierten Giebeln haben. Ebenfalls auf dem Marktplatz befindet sich das *Stadhuis* (Rathaus), das für diesen verhältnismäßig kleinen Ort ziemlich beeindruckend ist. Es besteht eigentlich aus drei Gebäuden: dem ursprünglichen *Schepenhuis,* dem Haus *Leeuwenborch* auf der rechten Seite und dem Haus *De Olifant* zur Linken. Das Stadttheater *Stadsschouwburg de Maagd* ist in einer ehemaligen katholischen Kirche untergebracht.

MARKIEZENHOF

Das schönste Gebäude in Bergen wurde zwischen 1485 und 1525 für den Markgrafen von Bergen gebaut. Heute hat im Markiezenhof das Gemeindemuseum seinen Sitz. *Di–So 11–17 Uhr | 7,50 Euro | Steenbergsestraat 8 | www.markiezenhof.nl*

ESSEN & TRINKEN

DE BLOEMKOOL

Ehrliche, leicht französisch angehauchte Kost (z. B. Fische aus der nahen Schelde), die ohne viel Firlefanz serviert wird. Im Sommer sitzt man auf der Terrasse oder im Garten. *Sa-Mittag, So-Mittag und Mo geschl. | Wouwsestraatweg 146 | Tel. 0164/ 23 30 45 | www.debloemkool.nl | €€*

ÜBERNACHTEN

HOTEL DE DRAAK

Das vornehme, alte Hotel befindet sich am Grote Markt. Wenn Sie ein Zimmer mit Blick auf den Marktplatz haben, ist es zwar nicht ganz ruhig, doch die Atmosphäre ist einmalig. *68 Zi. | Grote Markt 36–38 | Tel. 0164/ 25 20 50 | Fax 25 70 01 | www.hoteldedraak.nl* | €€–€€€

AUSKUNFT

Kortemeestraat 19| Tel. 0164/ 27 74 82 | Fax 24 01 76 | www.vvvbrabantsewal.nl

BREDA

[129 F3] **Die Bischofsstadt im Westen der Provinz Noord-Brabant (160 000 Ew.) strahlt Gemächlichkeit und Gemütlichkeit aus, egal ob man zu Fuß durch einen der vielen Parks streift, die Umgebung mit dem Fahrrad erkundet oder mit dem Rundfahrtboot auf der Mark fährt.** Früher, als Breda eine strategisch wichtige Rolle als Handelsstadt auf dem Weg in den Norden spielte, war das anders – etwa im 80-jährigen Krieg, als man sich gegen die spanischen Herrscher zur Wehr setzen musste. Noch heute erinnert im Madrider Prado ein Gemälde des spanischen Malers Diego Velázquez an die bewegte Geschichte: Das Bild „Die Übergabe von Breda" („Las Lanzas") zeigt die Rückeroberung der Stadt durch den spanischen Feldherrn Ambrosio Spinola im Jahr 1625.

SEHENSWERTES

GROTE KERK ODER ONZE LIEVE VROUWEKERK

Das wuchtige spätgotische Gotteshaus an der Westseite vom Grote Markt mit seinem 97 m hohen Turm dominiert das Stadtbild schon von Weitem. Hier liegen die prunkvollen Gräber der Grafen von Nassau. Es lohnt sich, das alte Holzschnitzwerk im Chor (Insider Tipp) etwas ausführlicher zu betrachten: Die zwei bei einer Restaurierung im 20. Jh. hinzugefügten Männer auf dem Motorrad sollten Sie sich nicht entgehen lassen – Feuerstühle gabs im Jahr 1410 bestimmt noch nicht! *Mo–Sa 10–17, So 13–17 Uhr | 6 Euro | Kerkplein 2 | www.grotekerkbreda.nl*

ESSEN & TRINKEN

DE BEYERD

Auf der Speisekarte dieses kleinen, gemütlichen Restaurants stehen vor allem Produkte aus der Region, die nach belgischen Rezepten mit viel Bier zubereitet werden. Umfangreiche Bierkarte. (Insider Tipp) Reservieren! *Mi geschl. | Boschstraat 26 | Tel. 076/ 521 42 65 | www.cafedebeyerd.nl* | €€

DE BOMMEL ▶▶

Großes, altehrwürdiges Café. Nachmittags treffen sich hier gern die

MARCO POLO HIGHLIGHTS

★ **Middelburg**
Spazieren Sie durch die Geschichte Zeelands (Seite 92)

★ **Domburg**
Im ältesten Seebad der Niederlande können Sie wunderbar entspannen (Seite 94)

★ **Delta-Expo Neeltje Jans**
Die geniale Wassertechnik der Niederländer (Seite 94)

★ **De Efteling**
Märchenwald, Spukschloss und Wildwasserbahn begeistern nicht nur die Kleinen (Seite 107)

Kunststudenten von der nahen Akademie, abends kommen vor allem Einheimische; an Wochenenden weicht man oft auf die Straße aus. Großes Biersortiment. *Mo–Mi 10.30 bis 1, Do–Sa 10.30–2, So 13.30–1 Uhr | Halsstraat 1 | www.debommel.nl*

EINKAUFEN

Die wichtigste Einkaufsstraße ist die *Veemarktstraat*. In der Nähe vom *Grote Markt* finden Sie aber auch viele kleine Läden.

ÜBERNACHTEN

HOTEL BRASSERIE DE KLOK

Das freundliche Familienhotel liegt zentral direkt am Marktplatz. Abends sitzt man gemütlich auf der großen Terrasse. *21 Zi. | Grote Markt 26–28 | Tel. 076/521 40 82 | Fax 514 34 63 | www.hotel-de-klok.nl* | €€

>LOW BUDGET

- Ein kurios-nostalgisches Museum: Historische Bierreklame aus Deutschland, Frankreich und den Beneluxstaaten aus den Jahren zwischen 1900 und 1960 finden Sie im kleinen *Bierreclame Museum (So 11–23 Uhr | Haagweg 375 | www.bierreclamemuseum.nl)* in Breda – und der Eintritt ist frei!
- Altes Handwerk: Im *Ambachtscentrum (Mi und Sa, Juli/Aug. auch Di und Do 13–16.30 Uh | Kattendijksedijk 27 | www.ambachtscentrumgoes.nl)* von Goes arbeiten Wagenmacher und Zimmermann in alter Manier – zuschauen darf man umsonst.

AM ABEND

DE BRUINE PIJ

Im Schatten der Grote Kerk sitzen Sie auf der Terrasse dieses Cafés mit seiner sprichwörtlichen Wohnzimmeratmosphäre. An Wochenenden legen DJs auf; es gibt auch Konzerte. *Mo–Sa 9–2, So 11–24 Uhr | Kerkplein 7*

AUSKUNFT

Willemstraat 17–19 | Tel. 0900/522 24 44 | Fax 076/521 85 30 | www.vvvbreda.nl

ZIEL IN DER UMGEBUNG

GINNEKEN [129 F3] Insider Tipp

Die Umgebung von Breda ist ideal zum Radfahren. Besonders beliebt sind Ausflüge entlang des Flüsschens Mark, wobei die meisten Sonntagsradler anschließend in dem südlichen Vorort Ginneken (ca. 5 km) einkehren. Dort gibt es zahlreiche Kneipen und gemütliche Straßencafés.

MIDDELBURG

[128 B4] ★ **Die alten Stadttore und die stattlichen Patrizierhäuser sind bis heute charakteristisch für die charmante Hauptstadt der Provinz Zeeland mit ihren 45 000 Ew.** Im 13. Jh. war der Ort auf der Insel Walcheren ein wichtiges Zentrum des Tuchmachergewerbes, und im 17. Jh. hatte die Vereinigte Ostindische Handelskompanie hier ihren Hauptsitz. Zahlreiche historische Speicher erinnern an die glorreiche Seefahrerzeit. Den Stadtkern, der im Zweiten Weltkrieg von der deutschen Luftwaffe weitgehend zerstört wurde, hat man wieder mit den typischen roten Backsteinen aufgebaut.

DER SÜDWESTEN

SEHENSWERTES

ABDIJ

Die größte Attraktion dieses ehemaligen Klosters ist der sogenannte *Lange Jan,* der 85 m hohe, achteckige Turm *(3,50 Euro).* Im Sommer werden zweimal wöchentlich Konzerte mit den 49 Turmglocken veranstaltet *(Do 12–13, Sa 11–12 Uhr).* In den Klostergängen wird das Leben der Mönche gezeigt *(nur mit Führung, reservieren: Tel. 0118/67 43 00).* Heute dient das einstige Kloster weltlichen Zwecken: Es ist der Regierungssitz der niederländischen Provinz Zeeland. Im Innenhof befindet sich ein Kräutergarten. *Mo–Sa 10–17, So 12–17 Uhr | Eintritt frei | Abdij 4*

Insider Tipp

ESSEN & TRINKEN

MES & VORK

Angenehmes, modernes, französisch angehauchtes Restaurant mit viel Fisch und Käse aus der Gegend. Große Auswahl an Fingerfood. Sonntagnachmittags gibts High Tea (reservieren!).Gleich nebenan das etwas günstigere *Peper & Zout (So-Mittag, Okt.–Mai auch Mo/Di geschl. | Tel. 0118/62 70 58 | €€). Di geschl. | Lange Noordstraat 6 | Tel. 0118/62 90 28 |* €€

SURABAYA

Das indonesische Restaurant liegt am Rand des Zentrums nahe beim Bahnhof. Reistafelbuffet ab 19,50 Euro. *Mo und mittags, im Winter auch Di geschl. | Stationsstraat 20–22 | Tel. 0118/63 59 14 | www.surabaya.nl |* €€

EINKAUFEN

Middelburg ist bekannt für seinen folkloristischen *Donnerstagsmarkt.* Vor dem Rathaus stellen Händler zahlreiche Stände auf.

ÜBERNACHTEN

ARNEVILLE

Das edelste Hotel von Middelburg, etwas außerhalb vom Zentrum. Mit Restaurant und Bar. *46 Zi. | Buitenruststraat 22 | Tel. 0118/63 84 56 | Fax 61 51 54 | www.hotelarneville.nl |* €€€

LE BEAU RIVAGE

Modern eingerichtetes, historisches Grachtenhaus wenige Gehminuten vom Grote Markt. *9 Zi. | Loskade 19*

Vor dem gotischen Rathaus herrscht donnerstags buntes Markttreiben

| *Tel. 0118/63 80 60* | *Fax 62 96 73* | €–€€

HOTEL DU COMMERCE
Bequemes, aber einfaches Hotel im Herzen der Stadt. *45 Zi.* | *Loskade 1* | *Tel. 0347/75 04 05* | *Fax 0118/62 64 00* | *www.hotelducommerce.nl* | €

AUSKUNFT

Markt 51 | *Tel. 0118/67 43 00* | *Fax 67 43 33* | *www.touristshop.nl*

ZIELE IN DER UMGEBUNG

DELTA-EXPO NEELTJE JANS ★ [128 B3]
Ein Besuch der Expo auf der ehemaligen Arbeitsinsel Neeltje Jans an der Straße über das Sturmflutwehr zwischen Schouwen und Beveland lohnt sich auf jeden Fall, denn dort werden die verschiedenen baulichen Flutschutzmaßnahmen anschaulich dargestellt. Imposant sind vor allem die 65 Pfeiler der Anlage, in deren Sockel sich je sechs Kammern mit einer Fläche von 8 × 20 m und einer Höhe von 12 m befinden. Wird das Wehr geschlossen, füllen sich diese Hohlräume mit Wasser. Die Deltawerke wurden so angelegt, dass die Gezeitenströme freien Lauf haben und das biologische Gleichgewicht nicht aus den Fugen gerät.

DOMBURG ★ [128 B3]
In diesem ältesten Badeort von Walcheren 13 km nordwestlich von Middelburg gibt es nicht nur einen breiten Sandstrand, sondern auch ein riesiges Dünengebiet. Schon im 19. Jh. kamen betuchte Bürger aus Middelburg hierher, um sich in der *zeebadinrichting* zu erholen. Noch immer gibt es zahlreiche stilvolle Gebäude aus jener Zeit.

Heute reisen im Sommer vor allem junge Leute nach Domburg, um Sport und Spaß zu haben. Für sie wird im Juli und August jeden Donnerstag eine 15 km lange Tour auf Inlineskates organisiert. Auskunft: *Schuitvlotstraat 32* | *Tel. 0118/58 13 42* | *Fax 084/2150844* | *www.vvvzeeland.nl*

Inside Tipp

Delta-Expo Neeltje Jans: Das Sturmflutwehr der Superlative schützt die Küste Zeelands

RENESSE ▶▶ [128 C2]

Am Fuß der Dünen in der Nordwestecke der Insel Schouwen-Duiveland liegt das Dorf Renesse. Die zahlreichen Touristen kommen vor allem der tollen Sandstrände wegen. Diese sind 17 km lang und gehören zu den breitesten in ganz Zeeland. Der Badeort ist vor allem bei Jugendlichen sehr beliebt – nicht unbedingt zur Freude der Polizei, weil es im Sommer immer wieder zu Zwischenfällen kommt. Damit sich die verschiedenen Badegäste (jung, alt, Nacktbader) nicht in die Quere kommen, wurde das Strandgebiet in Zonen eingeteilt. Gleich hinter dem Sandstrand erstreckt sich ein 11 km^2 großes Wald- und Dünengebiet, das zu Fuß oder auf dem Rad erkundet werden kann. Am Südeingang des Dorfs kann man das Auto gebührenfrei parken. Ein Bus befördert die Badegäste gratis zum Strand.

VEERE [128 B3]

7 km nördlich liegt dieses pittoreske historische Festungsstädtchen mit seinem eleganten Rathaus und dem intimen Marktplatz. Veere war ursprünglich ein Fischerdorf und lebte später hauptsächlich vom Wollhandel mit Schottland. Die Fischer und Wollhändler haben inzwischen Platz für die Wassersportler gemacht. Von Mai bis September werden Rundfahrten auf dem Veerse Meer angeboten. Auskunft: *Oudestraat 28 | Tel. 0118/58 13 42 | Fax 084/215 08 44 | www.vvvzeeland.nl*

YERSEKE [129 D4]

Das Fischerdörfchen auf Zuid-Beveland ist das größte Muschel- und Austernzentrum der Niederlande. Am Hafen finden Sie mehrere Fischrestaurants, zum Beispiel *Nolet's Vistro (Mo geschl. | Tel. 0113/57 21 01 | www.vistro.nl | €€–€€€).*

ZEEUWS VLAANDEREN [128 A–C 4–5]

Spuren der Deichdurchbrüche und Überschwemmungen ziehen sich wie Narben durch diese südlichste Gegend der Provinz Zeeland, die nur durch den Tunnel unter der oder per Personenfähre über die Westerschelde oder auf dem Umweg durch Belgien zu erreichen ist. Zahlreiche Polder und Deiche sind Zeugen des ständigen Kampfs, den die Bewohner in diesem südwestlichsten Zipfel der Niederlande gegen das Wasser geführt haben. Das Gebiet wird viel von belgischen Touristen besucht. Vor allem die Badeorte an der Westküste – *Breskens, Cadzand, Retranchement* – und das hübsche Grenzstädtchen *Sluis* sind im Sommer stark frequentiert. Es gibt zahlreiche Campingplätze, oft nur wenige Meter hinter dem Strand, aber auch Hotels und Pensionen.

> SOMMERRESIDENZEN UND BESCHAULICHE EINSAMKEIT

Zwei lohnende Tagestouren abseits der großen Reisewege – eine natürlich mit dem *fiets*

Die Touren sind auf dem hinteren Umschlag und im Reiseatlas grün markiert

1 SOMMERSCHLÖSSER DER AMSTERDAMER KAUFLEUTE

Diese ca. 25 km lange Fahrradtour führt über eine alte Handelsstraße entlang der Vecht von Utrecht nach Weesp. Unterwegs fahren Sie an Dutzenden von Schlössern und Herrschaftshäusern vorbei. Sie sind ein Überbleibsel aus der Zeit, als die reichen Patrizier aus Amsterdam die warme Jahreszeit an den idyllischen Ufern der Vecht verbrachten.

Bild: Schloss Nijenrode

Die Vecht, ein kleiner, träger Fluss, der heute abseits der Schifffahrtsrouten liegt, war schon immer beliebt. Früher ließen sich die reichen Kaufleute von Amsterdam an ihrem Ufer stattliche Herrenhäuser bauen, um im Sommer dort zu wohnen. Während bei den älteren Schlössern der Schutz vor feindlichen Angriffen im Vordergrund stand, ging es bei den später errichteten Landsitzen mehr um eine ansprechende Architektur. Die Bau-

AUSFLÜGE & TOUREN

meister ließen sich von den alten Griechen inspirieren, machten aber auch Anleihen bei den Italienern und den Franzosen. Im 17. Jh. wurde vor allem im klassizistischen Stil gebaut, später herrschten üppige Barockornamente vor, und in der zweiten Hälfte des 19. Jhs. tauchten neogotische Elemente auf. Zu den meisten Herrenhäusern gehört ein großer Garten oder ein Park. Auch diese sollten natürlich Grandeur ausstrahlen.

Die Tour beginnt gleich beim Bahnhof auf dem Vredenburg in **Utrecht** und führt über die **Lange Viestraat** bis zur **Oude Gracht.** Da die Gracht ein paar Kilometer weiter in die Vecht mündet, ist es am einfachsten, immer am rechten Grachtenufer entlang bis nach **Oud-Zuilen** zu fahren. Hier werden Ihnen die für ein Dorf ungewöhnlich imposanten Häuser rechts und links der Hauptstraße **(Dorpstraat)** auffallen.

Am Ortsausgang tauchen die hohen Türme von **Schloss Zuylen** *(Tournooiveld 1)* auf. Der eindrucksvolle mittelalterliche Bau verfügt, obwohl er mehrfach umgebaut wurde, noch über seine Originalfassaden. Der Park wurde nach dem Vorbild von Versailles gestaltet. Das **Schlossmuseum** und der große Park können nur im Rahmen einer 75-minütigen Führung besichtigt werden *(Mitte März–Mitte Mai und Mitte Sept.–Mitte Nov. Sa/So 14, 15 und 16, So auch 13 Uhr, Mitte Mai–Mitte Sept. Di–Do 11–16, Sa 14 bis 16, So 13–16 Uhr | 7 Euro)*. Die Führungen sind auf Niederländisch, es gibt aber Broschüren auf Deutsch.

Nun geht es weiter nach **Maarssen,** wo es von Schlössern und Herrenhäusern nur so wimmelt. Zuerst kommt **Huis ten Bosch** *(Zandweg 44)*, dann taucht das eindrucksvolle schmiedeeiserne Gittertor von **Schloss Doornburg** *(Diependaalsedijk 17)* auf, und schließlich landen Sie bei **Schloss Goudestein** *(Diependaalseweg 19)*, das heute als Rathaus Dienst tut. Lassen Sie Ihr Fahrrad hier für einen Moment im Schlosspark stehen, und machen Sie einen kurzen Abstecher ins Insider Tipp *Nederlands Drogisterij Museum* *(Mai bis Okt. Mi–Sa 11–17, So 13–17 Uhr | 4 Euro | Diependaalsedijk 19 c | www.drogisterijmuseum.nl)*, das sich im ehemaligen Kutscherhaus gleich hinter dem Schloss befindet. Tauchen Sie ein in die Welt der Salbentöpfchen und Essenzfläschchen mit eingebrannten Etiketten, und lassen Sie sich vom Museumsbesitzer die Geschichte der typischen holländischen „Gähner" erzählen (er spricht Deutsch).

Die nächsten paar Kilometer führen dann Richtung **Breukelen.** Bevor Sie ins Dorf fahren, sehen Sie auf dem anderen Ufer den viereckigen Turm von **Nijenrode** *(Straatweg 25)*. Gleich dahinter steht das im 13. Jh. erbaute Schloss. Heute befindet sich dort eine renommierte Wirtschaftshochschule. In Breukelen stehen am linken und am rechten Vechtufer aber noch weitere Schlösser: **Boom en Bosch** *(Markt 13)*, **Gunterstein** *(Laan van Gunterstein)*, **Queekhoven** *(Zandpad 41)* und **Groenevecht** *(Zandpad 37)*. Die nächste Etappe ist **Loenen.**

Die drei Schlösser in Loenen – **Vegtlust** *(Oud Over 3)*, **Bijdorp** *(Oud Over 8)* und **Oud Over** *(Oud Over 33)* – können leider nicht von innen besichtigt werden. Ein Blick auf die edlen Gemäuer lohnt sich aber allemal. Die Uferstraße führt danach durch **Vreeland** mit den beiden Herrenhäusern **Het Plantagehuis** *(Kleizuwe 101)* und **Valck en Heining** *(Rijksstraatweg 147)*. Dann kommen Sie zur Schleuse **'t Hemeltje.** Dort biegen Sie links ab und fahren die letzten paar Kilometer den Wegweisern nach bis **Weesp,** wo Sie entweder in den Zug steigen (Fahrradmitnahme gegen Gebühr gestattet) oder mit dem Fahrrad zur ca. 15 Minuten entfernten, gut ausgeschilderten Amsterdamer Metrostation Kraaienest fahren.

2 GRENZTOUR DURCH DAS ACHTERHOEK

Diese rund 150 km lange Tagestour führt vom Hansestädtchen Zutphen durch eine reizvolle Kulturlandschaft über Winterswijk an die deutsche Grenze bis nach Enschede. Sie können den Blick über endlose Felder streifen und sich von schönen Bauernhöfen beeindrucken lassen.

Der Ausflug beginnt im Hansestädtchen **Zutphen** *(S. 74)* und führt zuerst auf der N 348 in südlicher Richtung nach Brummen. Dort zweigen Sie links ab und folgen den Schildern nach **Bronkhorst.** Kurz vor dem Ort müssen Sie die IJssel mit einer **Fähre** überqueren *(Bronkhorster Veer | Mai–Sept. Mo–Fr 7.30–19, Sa/So 9.30–19, Okt.–April Mo–Fr 7.30 bis 17.30, Sa/So 10–17 Uhr | 2,50 Euro pro Auto).*

Bronkhorst besitzt seit 1492 das Stadtrecht und ist mit seinen nur 155 Ew. somit die kleinste „Stadt" der Niederlande. Der historische, fast komplett unter Denkmalschutz stehende Ortskern besteht aus einer Hauptstraße und lässt sich am einfachsten zu Fuß erkunden.

Danach geht es auf der N 314 weiter nach Hummelo. Dort biegen Sie auf die N 330 Richtung Zelhem, Varsseveld und Aalten ab. Kurz hinter Aalten gelangen Sie nach **Bredevoort.** In diesem als Bücherstadt bekannten Örtchen finden Sie nicht weniger als 25 niederländische und deutsche Antiquariate. Jedes Jahr wird am dritten Samstag im Mai und am letzten Samstag im August ein internationaler Buchmarkt abgehalten.

Von Bredevoort geht es weiter nach **Winterswijk,** einer Kleinstadt unweit der deutschen Grenze. Im Gegensatz zur dicht bevölkerten Randstad hat man hier noch richtig Platz, wie die vielen frei stehenden Häuser im Zentrum belegen. Folgen Sie am Ortsausgang von Winterswijk der N 319 nach **Groenlo,** der Vergnügungshochburg dieser Gegend. Wegen der außergewöhnlich hohen Zahl an Cafés und Kneipen spricht man im Volksmund vom „Las Vegas des Achterhoek". Die Stadt, von deren Festung noch ein paar Mauern erhalten sind, hieß früher Grol. Daran erinnert heute noch das Grolsch-Bier, denn diese große Brauerei war ursprünglich in Grol beheimatet.

Die N 18 führt Sie zum Schluss über Eibergen ans Ziel dieser Route, nach **Enschede.** Diese größte Stadt in Overijssel ist dank ihren zahlreichen Kneipen und mehreren Theater- und Konzertsälen eine der interessantesten und gemütlichsten in der ganzen Gegend.

„Endlich da!" scheint diese Skulptur am Ziel der Tour in Enschede zu signalisieren

EIN TAG IN ROTTERDAM

Action pur und einmalige Erlebnisse.
Gehen Sie auf Tour mit unserem Szene-Scout

WIE DAS DUFTET!

9:00

Was darfs denn sein: knusperfrische, noch warme *chocoladebroodjes,* duftende Croissants oder krosse *Franse broodjes?* Im *Het Bammetje* ist das Frühstück typisch niederländisch, knackfrisch und so lecker! Alles, was einen anlacht, bestellen und mit einem Cappuccino genießen oder einfach einpacken lassen. **WO?** *Nieuwe Binnenweg 65 | Tel. 010/225 01 88 | www.hetbammetje.nl*

10:00

SUCH DIE KUNST!

Augen auf beim Bummel durch die Witte de Withstraat! Das frühere Rotlichtviertel und heute angesagte Szeneviertel hat kulturell einiges zu bieten. Zwischen Cafés und Geschäften steht legendäre Kunst. Ausschau halten nach der *Sylvette* von Picasso und immer dem Auge nach der Skulpturenroute mit berühmten Werken folgen! **WO?** *Witte de Withstraat/Westersingel*

MOVIE-SNACK

13:00

In der *Urban Espresso Bar* gibt es nicht nur den „Best Coffee in Town", sondern auch leckere Sandwiches. Das Besondere: Zum schnellen Snack gibt es gratis Kinofeeling. In der Sub-Urban Videolounge werden Indie-Filme – beispielsweise die besten 1-Minuten-Filme der Welt – gezeigt! **WO?** *Botersloot 44 a | www.urbanespressobar.nl*

13:45

ERKUNDUNGSTOUR

Ein schwimmendes Taxi? In Rotterdam ist alles möglich! Beim Hotel New York ins *watertaxi* steigen und eine Runde auf dem Wasser drehen. Das Wasser der Maas ist klar, bei gutem Wetter auch die Sicht auf die Hafengebäude. **WO?** *Haltestelle Koninginnenhoofd | Rundfahrt ab 8 Personen, Kosten: ca. 14 Euro/Personen | Tel. 010/403 03 03 | www.watertaxirotterdam.nl*

24h

WINDIGE ANGELEGENHEIT

16:30

Keine ganze Autostunde von Rotterdam entfernt erwartet einen Action pur: *Blokarting* – Segeln in einem Kartwagen. Einfach den Locals nacheifern und mit dem Wind um die Wette düsen! **WO?** *Ouddorp | Strandpaviljoen De Vuurtoren | Anmeldung notwendig unter Tel. 010/458 73 53 | Preis: 27,50 Euro/Std. | www.kadopagina.nl*

19:30

BAROCK ROCKS

Zurück in Rotterdam wird es historisch – und doch so modern: Zum Dinner gehts ins *Boudoir!* Im barocken Stil eingerichtet, versprüht Rotterdams Inrestaurant zugleich superstylishen Charme. In dem exklusiven Ambiente schmecken die traditionellen niederländischen Gerichte einfach toll! **WO?** *Meent 65 a | Tel. 010/240 05 56 | www.boudoirrotterdam.nl*

WARM-UP

21:00

Eins nach dem anderen: Vor dem Abtanzen gehts zum Warm-up ins *Rotown,* den angesagtesten Newcomern der Bandszene oder aufstrebenden DJs zuhören. Danach wird das Gebäude erkundet: Auf mehrere Levels verteilt gibts hier Galerie, Bar und Konzertbetrieb – für jede Nacht der richtige Appetizer! **WO?** *Nieuwe Binnenweg 17–19 | www.rotown.nl*

23:00

NIGHTLIFE

Zum Schluss das Highlight: Auf in die *Hollywood Music Hall!* In dem beliebten Nightlife-Spot heißt es jetzt abtanzen bis zum Morgengrauen, sich zwischendurch an der Bar erfrischen und anschließend am dazugehörigen Chillout-Beach die Nacht ausklingen lassen! **WO?** *Delftsestraat 15 | www.hmh.nl*

AUF ZWEI RÄDERN UND ACHT ROLLEN

Der Boom der Skates hält an, und eine Radtour ist Pflicht. Aber auch Segler, Surfer und Kanuten finden ideale Bedingungen

EISLAUFEN

Holländer sind begeisterte Eisschnellläufer. Sobald im Winter das Eis auf den Flüssen und Kanälen dick genug ist, ziehen sie in großen Scharen ihre Schlittschuhe an. Das absolut größte Spektakel ist die Insider Tipp *elfstedentocht,* eine Tagestour über 200 km durch elf Städte der Provinz Friesland. Diese kann allerdings nur stattfinden, wenn das Eis die 16 000 Eisläufer auch wirklich trägt. Im 20. Jh. war das gerade 15-mal der Fall, zuletzt im Januar 1997.

INLINESKATEN

Insider Tipp Skaten kann man in den Niederlanden fast ebenso gut wie Rad fahren. Radwege dürfen auch mit Rollerblades benutzt werden – sofern man die Bremstechnik voll und ganz beherrscht! In praktisch allen Landesteilen trifft man sich einmal in der Woche zu einer gemeinsamen Tour. Die wohl berühmteste ist der *Friday Night Skate* in Amsterdam *(Treffpunkt beim Filmmuseum im Vondelpark um 20 Uhr | www.fridaynightskate.com),* wo jeweils Tausende in einer langen, bunten Schleife durch die ganze Stadt fahren. Bei den meisten VVV-Büros bekommen Sie detaillierte Skateinfos mit Tourenvorschlägen. Fast überall gibt es inzwischen Sprungrampen und vielerorts – etwa in Eindhoven – komplette Skateparks.
Eine tolle, rund 25 km lange Tour führt von der friesischen Provinzhauptstadt Leeuwarden an breiten Kanälen entlang bis nach Sneek, einer der elf Städte der berühmten *elfstedentocht.* Die Tour beginnt beim VVV-Büro vor dem Bahnhof von Leeuwarden. Sie folgen dem Stationsweg rechts und überqueren nach ein paar Hundert Metern den Bahnübergang. Dann fahren Sie weiter auf der Schrans, einer Einkaufsstraße, in Richtung Goutum. Der Bodenbelag ist auf diesem Anfangsstück keine reine Freude; erst bei der Verlengdeschrans wird das Klinkerpflaster etwas gleichmäßiger. Am Ende dieser Straße folgt eine leichte Steigung über den Van-Harinxma-Kanal bis zu den Verkehrsampeln. Hier biegen Sie links ab, sodass Sie zum Boxsymerdyk gelangen. Fahren Sie auf diesem Deich weiter in

> SPORT & AKTIVITÄTEN

Richtung Wijtgaard. Hier rollen Sie schon bald über wunderbaren Asphalt, sodass Ihnen höchstens der Gegenwind zu schaffen machen könnte.
Über das etwa 10 km von Leeuwarden entfernte Wijtgaard geht es weiter in Richtung Reduzum. Bei der riesigen Windturbine biegen Sie rechts ab und folgen den Wegweisern nach Sneek. Es wird Ihnen auffallen, dass die Schilder in dieser Provinz zweisprachig sind – Niederländisch und Friesisch. Gleich hinter der Kurve finden Sie an der rechten Böschung einen Picknickplatz mit Tisch und Bänken, wo Sie sich ein bisschen ausruhen können. Dann geht es ziemlich rasant bergab durch eine Unterführung, von wo Sie auf den Snitserdyk gelangen. Bei der Abzweigung in Raerd haben Sie die Möglichkeit, einen Bogen über das Dorf Easterwierrum entlang der Zwette Trekvaart zu fahren oder den Zielort direkt anzusteuern. Kurz vor Sneek folgen Sie dann dem ausgeschilderten Weg entlang dem Oosterdijk ins Zentrum. Ab diesem Punkt hört der glatte Asphaltbelag auf.

■ RADFAHREN

Eine Tour mit dem Fahrrad ist in diesem topfebenen Land ein ganz besonderes Vergnügen. Möglich macht dies ein vorbildliches Netz von Radwegen *(fietspaden)*, das über fast 20 000 km quer durchs Land führt. Leihräder können Sie in praktisch jeder Ortschaft für ungefähr 8 Euro pro Tag mieten.

■ WASSERSPORT

Natürlich ist das Land auch prädestiniert für den Wassersport. Wer in größeren Städten keine geführte Rundfahrt mit dem Boot machen möchte, kann auch ein Tretboot mieten. Rund ums IJsselmeer, in Friesland, entlang der Nordseeküste in Zeeland oder auf den zahlreichen *meeren* (Seen) können Sie Kanus, Ruderboote, Surfbretter sowie Segel- und Motorboote ausleihen. Die Preise variieren je nach Gegend. Eine Jolle auf den Loodsdrechterplassen bei Utrecht kostet keine 100 Euro pro Tag. Informationen bei den VVV-Büros und unter www.watersport.nl und www.zeilgenieters.nl.

> HOLLAND IN KLEIN FÜR DIE KLEINEN

Kinderbauernhöfe, Wasser- und Vergnügungsparks, dazu ein paar schöne Zoos – Kinder sind in den Niederlanden kleine Könige

> Der niederländische Nachwuchs darf seine Eltern (fast) überallhin begleiten. Und kaum jemand stört sich daran, wenn die Kinder die Konversation zwischen den Erwachsenen andauernd unterbrechen.

Diese Kinderfreundlichkeit hat zur Folge, dass es in vielen Orten eine *kinderboerderij* gibt, einen Insider Tipp Kinderbauernhof mit vielen Tieren zum Anfassen. Zahlreiche Museen besitzen eine Kinderabteilung, und in den letzten Jahren sind Vergnügungsparks mit Achterbahn und Riesenrad aus dem Boden geschossen. Einen Überblick über die Angebote finden Sie unter *http://attracties.startpagina.nl*.

RANDSTAD

AVIFAUNA [124 C4]

In dem Vogelpark in Alphen aan de Rijn bei Leiden zwitschern etwa 3000 Vögel: 450 Arten aus allen Kontinenten, vom Zug- bis zum Singvogel. Mutige können während der Raubvo-

MIT KINDERN UNTERWEGS

gelshow einen Falken auf ihrem Arm landen lassen. Es gibt auch eine 30-m-Rutschbahn, und Müde können sich auf einer 75-minütigen Rundfahrt über den Braassemersee ausruhen. *Tgl. 9–18 Uhr | 13 Euro, 3–12 Jahre 11,50 Euro, Bootsfahrt 7,50 Euro | Hoorn 65 | www.avifauna.nl*

BLIJDORP ROTTERDAM [124 B5]
In diesem Zoo in Rotterdam leben die Tiere in einem ihrem natürlichen Umfeld nachempfundenen Biotop. Es gibt u. a. einen Urwald, wo Sie Gibbons ihre spitzen Schreie ausstoßen hören, und eine Halle mit exotischen Pflanzen, Terrarien und Aquarien. *Tgl. 9–18, im Winter 9–17 Uhr | 18,50 Euro, 3–9 Jahre 15,50 Euro | Blijdorplaan 8 | www.rotterdamzoo.nl*

DUINRELL [124 B4]
Dieser Wasserattraktionspark für die ganze Familie befindet sich im Wald-

In Büchern stöbern geht immer

und Dünengebiet bei Wassenaar, rund 10 km nördlich von Den Haag. Spaß macht auch das Tikibad (separater Eintritt!), ein Wasserpark mit spektakulären Rutschbahnen und Wellenbad. *Ende März–Mitte Okt. tgl. 10–17, Tikibad bis 22, im Winter So bis 20 und Mo–Fr erst ab 16 Uhr | 18,50 Euro, unter 4 Jahren frei, Tikibad 3 Std. 4,50 Euro | www.duinrell.nl*

MADURODAM DEN HAAG ★ [124 B4]

Deiche, Windmühlen, den Königlichen Palast in Amsterdam und all die anderen Gebäude, für die die Niederlande berühmt sind, finden Sie in diesem Miniholland im Maßstab 1:25 nachgebaut. Zwischen den Häusern fahren kleine Züge, auf den Kanälen verkehren Minilastkähne und -rundfahrtboote. Holland en miniature ist auch am Abend sehenswert. Insider Tipp Dann wird das ganze Gelände nämlich mit 50 000 Lampen beleuchtet. *April–Juni tgl. 9–20, Juli/Aug. 9–23, Sept.–März 9–18 Uhr | 14,50 Euro, 3–11 Jahre 10,50 Euro | Haringkade 175 | www.madurodam.nl*

NEDERLANDS SPOORWEGMUSEUM UTRECHT [125 D–E4]

Eisenbahnfans schlägt das Herz höher, wenn sie die Züge auf dem Gelände sehen. Der als Eingang dienende ehemalige Bahnhof wurde in den ursprünglichen Zustand versetzt, inklusive Kronleuchter, Marmorböden und den alten Wartesälen. *Di–So, in den Schulferien tgl. 10–17 Uhr | 14,50 Euro, 3–12 Jahre 11,50 Euro | Maliebaanstation | www.spoorwegmuseum.nl*

FRIESLAND UND DER NORDEN

DIERENPARK EMMEN ★ [123 E5]

Der Tierpark in Emmen ist einer der schönsten Zoos in ganz Europa, weil man versucht hat, den Tieren eine möglichst authentische Umgebung zu bieten. Zu den großen Attraktionen gehört das *Biochron,* ein tropischer Schmetterlingspark mit 1500 Faltern. *März–Mai und Okt. tgl. 10–17, Juni bis Aug. 10–18, Sept. 10–17.30, Nov. bis Feb. 10–16.30 Uhr | 19,50 Euro, 3–9 Jahre 17 Euro | Hoofdstraat 18 | www.dierenpark-emmen.nl*

DER OSTEN

APENHEUL APELDOORN [126 B3]

Im Waldreservat Berg en Bos in Apeldoorn leben fast 400 Affen. Es sind größtenteils zahme Tiere, die Ihnen ohne Weiteres auf Schoß oder Rücken klettern. Im *aaituin* (Streichelgarten) Insider Tipp dürfen Kaninchen, Meerschweinchen oder Hühner angefasst werden. Eine besondere Attraktion ist die *Dajak Farm,* ein tropischer Kinderbauernhof mit Hängebauchschweinen und Zwergbuckelrindern. *Mitte März bis Juni und Sept./Okt. tgl. 10–17, Juli/Aug. 10–18 Uhr | 18 Euro, 3–9 Jahre 14 Euro | J. C. Wilslaan 21 | www.apenheul.nl*

BURGERS' ZOO ARNHEM [126 B5]

Familienbetrieb in Arnhem mit Savanne, Raubtierpark und tropischem Regenwald. Auf einem Spaziergang durch den Kunstdschungel sieht man Kaimane, Schlangen oder Leguane. *April–Okt. tgl. 9–19 Uhr, Nov.–März 9–17 Uhr | 18 Euro, 4–9 Jahre 16 Euro | Anton van Hooffplein 1 | www.burgerszoo.nl*

DOLFINARIUM HARDERWIJK [125 F2]

25 km nordöstlich von Amersfoort finden Sie Europas größten Meerestierpark mit Delphinen sowie Seehunden, Seelöwen und anderen Tieren. Unterwasserpanorama und Unterwasserrestaurant. *Mitte Feb.–Juni und Sept./Okt. tgl. 10–17, Juli/Aug. 10–18 Uhr | 25 (Juli/Aug. 26) Euro, 3–11 Jahre 22,50 (Juli/Aug. 23,50) Euro | Strandboulevard Oost 1 | www.dolfinarium.nl*

DER SÜDEN

SPROOKJESBOS VALKENBURG [131 D6]

Figuren aus insgesamt 17 Märchen können kleine Kinder in diesem Park über den Grotten bewundern. Daneben gibt es zwei große Spielplätze und eine Wildwasserbahn. *Mai–Aug. tgl., April und Sept./Okt. Sa/So 10–17 Uhr | 7,95 Euro, 2–12 Jahre 6,95 Euro | Sibbergrubbe 2 a | www.sprookjesbos.nl*

DER SÜDWESTEN

DE EFTELING ★ [130 A1]

Rumpelstilzchen, Däumling und die sieben Zwerge heißen Sie in diesem Märchen- und Freizeitparadies willkommen. Auch die großen Achterbahnen sind sehr beliebt. Der älteste Vergnügungspark des Landes befindet sich 20 km nordöstlich von Breda bei Kaatsheuvel. *April–Mitte Juli und Sept.–Nov. tgl. 10–18, Mitte Juli bis Aug. 10–21, Dez. 11–20 Uhr | 29 Euro, bis 3 Jahre frei | Europalaan 1 | www.efteling.nl*

MINI MUNDI MIDDELBURG [128 B4]

Die Insel Walcheren im Maßstab 1:20. Zum Park mit hohen Bäumen gehört auch ein Spielplatz mit verschiedenen Attraktionen. *Mitte März bis Juni. tgl. 10–19, Juli–Sept. 10–20 Uhr | 13,50 Euro, 3–12 Jahre 11,50 Euro | Molenwater | www.minimundi.nl*

Touren auf Inlinern: in den flachen Niederlanden ein großes Familienvergnügen

> VON ANREISE BIS ZOLL

Urlaub von Anfang bis Ende: die wichtigsten Adressen und Informationen für Ihre Reise in die Niederlande

ANREISE

AUTO

Wenn Sie aus dem Süden kommen, gelangen Sie über Aachen nach Maastricht. Weitere Autobahnverbindungen führen via Duisburg nach Venlo sowie via Oberhausen und Emmerich nach Arnhem. Aus Nord- und Nordostdeutschland fahren Sie entweder über Osnabrück nach Hengelo oder über Leer nach Groningen.

BAHN

Es gibt mehrere, zum Teil direkte Verbindungen mit IC- und EC-Zügen sowie mit City-Nightline-Zügen aus vielen europäischen Städten. Zwischen Amsterdam und Köln verkehren täglich neun EC- bzw. ICE-Züge. Eine weitere Hauptstrecke ist Berlin–Osnabrück–Amsterdam. Außerdem gibt es Verbindungen über Venlo nach Eindhoven sowie zwischen Aachen und Maastricht. Die Fahrzeit von Köln bzw. Osnabrück nach Amsterdam beträgt etwa drei Stunden.

In den niederländischen Zügen können Sie Ihr Rad mitnehmen, müssen es aber selbst in den Fahrradwaggon verladen (achten Sie auf die Aufkleber an den Fenstern). Für einen Tag bezahlen Sie unabhängig von der Strecke für Ihr Rad 6 Euro. Außer im Juli und August ist die Fahrradmitnahme während der Stoßzeiten (6.30 bis 9 und 16.30–18 Uhr) nicht erlaubt.

PRAKTISCHE HINWEISE

Ein typisch niederländisches Beförderungsmittel ist das *treintaxi (Tel. 0900/873 46 82 | www.treintaxi.nl)*, eine Art Sammeltaxi, das Sie mit anderen Fahrgästen teilen. Der Einheitstarif beträgt 4,60 Euro pro Person. *Treintaxis* gibt es auf rund drei Dutzend Bahnhöfen.

FLUGZEUG

Es gibt täglich mehrere Linienflüge aus der Schweiz, Deutschland und Österreich, die auf dem internationalen Flughafen Schiphol bei Amsterdam landen. Von dort können Sie mit der Bahn weiterreisen.

AUSKUNFT VOR DER REISE

NIEDERLÄNDISCHES BÜRO FÜR TOURISMUS (NBT)

Postfach 270580 | 50511 Köln | Tel. 0221/925 71 70 | Fax 92 57 17 37 | www.niederlande.de

AUSKUNFT IN DEN NIEDERLANDEN

In den Niederlanden gibt es mehr als 200 Fremdenverkehrsbüros, die Sie entweder in der Nähe des Bahnhofs oder am größten Platz des Orts finden. Halten Sie Ausschau nach einem Schild mit drei weißen V auf blauem Hintergrund: Die Touristenbüros heißen in Holland VVV (sprich „FehFehFeh"). Sie sind meist Mo bis Fr von 9 bis 17, Sa von 9 bis 13 oder 16 Uhr geöffnet, in touristischen Zentren in der Hochsaison auch am Sonntag.

AUTO

Auf der Autobahn *(snelweg)* gilt eine Höchstgeschwindigkeit von 120 km/h, auf Schnellstraßen *(autoweg)* sind 100 km/h, auf Landstraßen *(provinciale weg)* 80 km/h, innerhalb von Ortschaften 50 km/h, zum Teil nur 30 km/h erlaubt. Die Promillegrenze liegt bei 0,5. Wer seinen Führerschein weniger als fünf Jahre besitzt oder unter 24 ist, darf nur mit maximal 0,2 Promille ans Steuer bzw. an den Lenker von Moped und Motorrad.

Wenn Sie auf der Autobahn eine Panne haben, können Sie über *Tel. 0800/08 88* oder über eine Notrufsäule Hilfe anfordern. Informationen über Staus und andere Verkehrsbe-

WAS KOSTET WIE VIEL?

SNACK	**UM 3,50 EURO** für ein *broodje kaas*
KAFFEE	**UM 2,50 EURO** für eine Tasse Kaffee
BIER	**UM 2,50 EURO** für ein kleines Glas
BAHNFAHRT	**42,50 EURO** für ein Rückfahrticket Amsterdam–Rotterdam
BENZIN	**UM 1,55 EURO** für einen Liter Euro 95
BLUMEN	**UM 6 EURO** für einen Strauß Tulpen

hinderungen gibt es unter *Tel. 0900/ 96 22.*

Parken ist teuer: Während eine Stunde in der Provinz 3 bis 4 Euro kostet, bezahlen Sie in Amsterdam 5 bis 6 Euro.

BAHN

Das Netz der Nederlandse Spoorwegen (NS) ist eines der dichtesten in Europa. Intercity- und Schnellzüge *(sneltreins)* befahren die Hauptstrecken im Halbstundentakt. Nahverkehrs- und Regionalzüge *(stoptreins)* halten praktisch an jedem Bahnhof.

Eine Rückfahrkarte ist günstiger als zwei Einzelfahrten – aber immer nur einen Tag gültig! Ausnahmen hiervon sind Zugfahrten am Wochenende mit dem *Weekendretour*-Ticket, das von Freitagabend 19 Uhr bis Montagmorgen 4 Uhr gültig ist. Die *Tageskarte* ohne Kilometerbeschränkung kostet in der ersten Klasse 75,80, in der zweiten Klasse 44,60 Euro. Daneben gibt es den *Interrail-ein-Land-Pass,* der an drei, vier, sechs oder acht frei wählbaren Tagen innerhalb eines Monats gültig ist. Drei Tage kosten in der zweiten Klasse 112 Euro (Jugendliche unter 26 73 Euro), acht Tage 229 (149) Euro.

Bei über 100 niederländischen Bahnhöfen können Sie für ca. 8 Euro pro Tag bzw. 35 Euro pro Woche ein Fahrrad mieten (Kaution 30 bis 145 Euro, Ausweis!). Auskunft und Reservierungen: *Tel. 0900/92 92* | *www.ns.nl*

CAMPING

Campingplätze sind in den letzten Jahren wie Pilze aus dem Boden geschossen. Auf dem Land bieten aber auch zahlreiche Bauern ein Stück Land an, auf dem man sein Zelt aufstellen darf. Erkundigen Sie sich bei den VVV-Büros, oder fordern Sie beim Niederländischen Tourismusbüro dessen ausführliche Broschüre an.

DIPLOMATISCHE VERTRETUNGEN

DEUTSCHES KONSULAT

Honthorststraat 38 | Amsterdam | Tel. 020/574 77 00

> STILVOLL GEIZEN

Sparsamkeit ist Trumpf bei guten Calvinisten

Wer beim Wort Geiz automatisch an Schotten oder Schwaben denkt, vergisst die Niederlande: Pfennigfuchserei gilt auch bei Calvinisten als eine Tugend. Die Stiftung „Sparsamkeit mit Stil" bietet Workshops an, bei denen Geizkragenaspiranten die feinen Kniffe des Knauserns beigebracht werden. So lernen sie, dass es fürs körperliche Wohlbefinden keine Folgen hat, wenn beim Gebrauch von Zahnpasta, Duschgel, Klopapier und Shampoo das Halbierungsprinzip eingeführt wird, oder dass viel Strom und Wasser spart, wer sich im Dunklen die Haare wäscht oder die Zähne putzt und das Duschwasser zum Spülen der Toilette verwendet. Die Grenzen der Sparsamkeit sind übrigens individuell – es ist nicht jedermanns Sache, Teebeutel zum Trocknen an die Wäscheleine zu hängen, um sie danach abermals zu verwenden.

ÖSTERREICHISCHE BOTSCHAFT
Van Alkemadelaan 342 | Den Haag | Tel. 070/324 54 70

SCHWEIZERISCHE BOTSCHAFT
Lange Voorhout 42 | Den Haag | Tel. 070/364 28 31

EINREISE

Für EU-Bürger genügt der Personalausweis (Schweizer: Identitätskarte), eine Grenzkontrolle findet bei Einreise aus einem anderen Schengen-Staat jedoch normalerweise nicht statt.

GELD & KREDITKARTEN

Geldautomaten finden Sie in jedem noch so kleinen Ort. Kreditkarten und die ec-Karte sind weit verbreitet.

GESUNDHEIT

Erste Hilfe leisten die Notfallstationen *(eerste hulp)* der Krankenhäuser. Das Honorar für den Arzt *(dokter, arts)* müssen Sie vorstrecken und die Rechnung der heimischen Krankenkasse zur Erstattung vorlegen, sofern nicht Ihre European Health Insurance Card (EHIC) akzeptiert wird.

INTERNET

Auf *www.rijksoverheid.nl* finden Sie alles rund um die Regierung, Gesetze und staatliche Institutionen. Wenn Sie die neuesten Fotos der Prinzessinnen sehen möchten, finden Sie die unter *www.koninklijkhuis.nl,* alles über den Austausch zwischen niederländischen und deutschen Jugendlichen erfahren Sie auf *www.uitwisseling.de,* Informationen zu den berühmten holländischen Holzschuhen gibt es auf *www.klompen.nl,* für einen Überblick über die unterschiedlichsten Presseerzeugnisse empfiehlt sich *www.villamedia.nl.* Wenn Sie wissen möchten, was sich in der alternativen Szene tut, surfen Sie auf *http://aktieagenda.nl.* Wo Sie am günstigsten tanken, erfahren Sie auf *www.brandstofprijzen.nl.* Planen Sie eine Reise mit öffentlichen Verkehrsmitteln, so finden Sie Angaben von Tür zu Tür auf *www.9292ov.nl.* Touristische Informationen finden Sie auf *www.niederlande.de,* der Website des NBT.

Picknick auf dem Boot

INTERNETCAFÉS & WLAN

Es gibt kaum noch Cyberkneipen, weil immer mehr Menschen mit ihren Laptops in Cafés, Coffeeshops, Bibliotheken oder anderen öffentlichen Gebäuden sitzen, wo der Zugang ins Internet gratis ist. Sogar Intercityzüge werden inzwischen damit ausgerüstet. Hotels und Jugendherbergen stellen oft einen oder mehrere Rechner zur Verfügung. Die Telefongesellschaft kpn bietet landesweit ziemlich flächendeckend 900 WLAN-Hotspots in Restaurants, Cafés, Hotels, Bahnhöfen, Tankstellen und Autobahnraststätten an. Bezahlen können Sie mit Kreditkarte (Tageskarte 15,95 Euro, 50-Minuten-Karte 5,95 Euro) oder mit einer Karte, die es in den kpn-Shops zu den gleichen Preisen zu kaufen gibt *(www.kpnhotspots.nl)*.

JUGENDHERBERGEN

Im ganzen Land gibt es 30 Jugendherbergen, die sich *Stayokay* nennen. Eine Liste mit den Adressen finden Sie auf *www.stayokay.com. Tel. 020/ 551 31 55*

MIETWAGEN

Auf den Flughäfen, in großen Städten sowie vielen Urlaubszentren finden Sie die bekannten Autoverleiher. Je nach Größe müssen Sie für einen Mietwagen pro Tag zwischen 30 und 125 Euro rechnen.

MUSEUMJAARKAART

Wenn Sie oft ins Museum gehen, lohnt sich die Museumjahreskarte, die Sie in den VVV-Büros oder in direkt in den Museen kaufen können. Die Karte, mit der Sie landesweit freien Eintritt in rund 400 Museen haben, kostet 35 Euro (Jugendliche 17,50 Euro) und ist ein ganzes Kalenderjahr gültig. Sie benötigen dafür ein Passfoto. *www.museumjaarkaart.nl*

NOTRUF

Die allgemeine Notrufnummer ist *112*.

ÖFFENTLICHE VERKEHRSMITTEL

Die einheitliche *strippenkaart* (Streifenkarte), mit der bisher landesweit in Straßenbahnen, Bussen, und in der Metro bezahlt werden konnte, verschwindet seit 2010 langsam, aber sicher. An ihre Stelle tritt die *OV-chipkaart,* eine Magnetkarte, die man

WETTER IN AMSTERDAM

	Jan.	Feb.	März	April	Mai	Juni	Juli	Aug.	Sept.	Okt.	Nov.	Dez.
Tagestemperaturen in °C	5	5	9	13	17	20	22	22	19	14	9	6
Nachttemperaturen in °C	1	1	3	6	9	12	15	15	12	8	5	2
Sonnenschein Std./Tag	2	2	4	6	7	7	6	6	5	3	2	1
Niederschlag Tage/Monat	14	11	9	9	9	9	11	11	12	12	14	13
Wassertemperaturen in °C	5	5	6	8	11	13	16	17	16	14	10	8

beim Ein- und Aussteigen an den dafür gekennzeichneten Kartenlesern entwerten muss. Diese Magnetkarte wird nach und nach auch für Bahnreisen eingeführt werden. Die *OV-chipkaart* bekommen Sie an Automaten in Bahnhöfen, Postschaltern, Kiosken und Supermärkten. *www.ov-chipkaart.nl*

ÖFFNUNGSZEITEN

Die meisten Geschäfte sind Mo bis Fr von 9 bis 18 Uhr (Supermärkte bis 20 Uhr) und Sa von 9 bis 17 Uhr geöffnet. In größeren Städten und in touristischen Gebieten gibt es sogenannte *avondwinkels* (Nachtläden), die bis Mitternacht oder länger geöffnet sind. Donnerstag oder Freitag ist im ganzen Land bis 21 Uhr Abendverkauf *(koopavond)*. In Touristenorten sind die Geschäfte auch am Sonntag von 12 bis 18 Uhr geöffnet, im übrigen Land an zwölf Sonntagen im Jahr.

POST

Die meisten Postämter sind Mo bis Fr von 8.30 oder 9 bis 17 oder 18 Uhr, Sa von 8.30 oder 9 bis 12 oder 13.30 Uhr geöffnet. Das Porto für Postkarten oder Briefe bis 20 g in die EU und die Schweiz beträgt 77 Cent.

PREISE & GELD

Ein kleines Bier in der Kneipe kostet meist 2,50 Euro, 1 Euro mehr zahlen Sie für ein *broodje kaas* (Käsebrötchen). Eine Kinokarte liegt meist bei 9 Euro, nachmittags und Mo bis Mi etwas darunter. Ein Bett im Schlafsaal der Jugendherberge kostet etwa 20 Euro. Benzin ist etwas teurer als in den deutschsprachigen Ländern.

REISEZEIT

Die Monate Mai bis September sind die angenehmsten zum Reisen. Vor allem in den Küstenregionen weht immer ein leichter Wind.

TELEFON & HANDY

Münztelefone werden immer seltener. Auf den Bahnhöfen brauchen Sie eine Telefonkarte der Gesellschaft Telfort, die Sie am Schalter oder am Kiosk kaufen können. Für alle anderen öffentlichen Telefone benötigen Sie eine kpn-Telefonkarte, die es in Tabakgeschäften und bei der Post gibt.

Vorwahlen: Deutschland *0049,* Österreich *0043,* Schweiz *0041,* Niederlande *0031.*

Was das Handy betrifft, so gibt es in den Niederlanden fünf Gesellschaften, die sich einen heftigen Konkurrenzkampf liefern. Das hat zur Folge, dass sich die Preise wenn nicht monatlich, so doch zumindest vierteljährlich ändern. Wenn Sie sich in die niederländischen Tarife vertiefen möchten, finden Sie sämtliche Angaben auf der Website *www.bellen.com.*

TRINKGELD

Es ist üblich, im Restaurant, im Taxi oder beim Friseur ein Trinkgeld von etwa fünf bis zehn Prozent zu geben, wenn Sie zufrieden waren. Die in vielen Restaurants übliche Toilettenfrau erwartet ca. 25 Cent.

ZOLL

Innerhalb der EU dürfen Waren zum persönlichen Gebrauch frei ein- und ausgeführt werden. Richtwerte hierfür sind u. a. 90 l Wein und 10 l Spirituosen. Für Schweizer gelten wesentlich geringere Freimengen.

> SPREEK JIJ NEDERLANDS?

„Sprichst du Niederländisch?" Dieser Sprachführer hilft Ihnen, die wichtigsten Wörter und Sätze auf Niederländisch zu sagen

Aussprache

Zur Erleichterung der Aussprache sind alle niederländischen Wörter mit einer einfachen Aussprache (in eckigen Klammern) versehen.

AUF EINEN BLICK

Ja./Nein.	Ja. [jaa]/Nee. [nee]
Vielleicht.	Misschien. [mischien]
Bitte.	*(Sie)* Alstublieft. [alstüblieft] *(du)* Alsjeblieft. [alsjeblieft]
Vielen Dank!	Dank u wel. [dank ü wel]
Gern geschehen.	Graag gedaan. [chraach chedaan]
Entschuldigung!	Neemt u mij niet kwalijk. [neemt ü mei niet kwalück]
Wie bitte?	Wat zegt u? [wat zecht ü]
Ich verstehe Sie/dich nicht.	Ik begrijp u/je niet. [ik begreip ü/je niet]
Ich spreche nur wenig …	Ik spreek alleen maar 'n beetje … [ik spreek alleen maar n beetje …]
Können Sie mir bitte helfen?	Kunt u mij alstublieft helpen? [künt ü mei alstüblieft helpen]
Ich möchte …	Ik wil …/Ik zou graag … [ik wil …/ik sau chraach …]
Wie viel kostet es?	Hoe duur is het?/Hoeveel kost het? [hu dühr is hett/hufeel kost hett]
Wie viel Uhr ist es?	Hoe laat is het? [hu laat is hett]

KENNENLERNEN

Guten Morgen!	Goedemorgen! [chujemorchen]
Guten Tag!	Dag!/Goedendag! [dach/chujedach]
Hallo! Grüß dich!	Hallo!/Dag! [halloo/dach]
Mein Name ist …	Mijn naam is … [mein naam is]
Wie ist Ihr Name, bitte?	Wat is uw naam? [wat is üw naam]
Wie heißt du?	Hoe heet je? [hu heet je]
Wie geht es Ihnen/dir?	Hoe gaat het met u/jou? [hu chaht hett mett ü/jau]
Danke, gut. Und Ihnen/dir?	Prima. En met u/jou? [primaa en mett ü/jau]
Auf Wiedersehen!	Tot ziens! [tot siens]

SPRACHFÜHRER NIEDERLÄNDISCH

UNTERWEGS

AUSKUNFT

links/rechts	links/rechts [links/rechs]
geradeaus	rechtdoor [rechdoor]
nah/weit	dichtbij/ver [dichbei/ver]
Bitte, wo ist …?	Waar is …? [waar is]
… der Hauptbahnhof	… het centraal station [het sentraalstaaschon]
… der Flughafen	… de luchthaven/het vliegveld [de lüchthaafen/hett vliechvelt]
Wie weit ist das?	Hoe ver is dat? [Hu ver is dat]
Ich möchte … mieten.	Ik ben van plan … te huren. [Ik benn vann plann … te hüren]
… ein Auto …	… een auto … ['n auto]
… ein Fahrrad …	… een fiets … ['n fiets]

PANNE

Ich habe eine Panne.	Ik heb pech. [ik heb pech]
Würden Sie mir bitte einen Abschleppwagen schicken?	Wilt u mij alstublieft de sleepdienst/takeldienst sturen? [wilt ü mei alstüblieft de sleepdienst/taakldienst stüren]
Wo ist hier in der Nähe eine Werkstatt?	Waar is hier in de buurt een garage? [waar is hier in de bürt en graasche]

TANKSTELLE

Wo ist bitte die nächste Tankstelle?	Waar is het dichtsbijzijnde pompstation? [waar is hett dichsbeiseinde pompstaaschon]
Ich möchte … Liter …	Ik wil graag … liter … [ik wil chraach … lietr]
… Super./Diesel.	… super./diesel. [süper/diesl]

UNFALL

Hilfe!	Help! [helüpp]
Achtung!	Let op!/Pas op! [lett op/pas op]
Rufen Sie bitte schnell …	Belt u direct … [belt ü dierekt]
… einen Krankenwagen.	… een ziekenwagen. [n siekewaachn]
… die Polizei.	… de politie. [de poolietsie]
… die Feuerwehr.	… de brandweer. [de branntwehr]
Es war meine/Ihre Schuld.	Het was mijn/uw schuld. [hett was mein/üw schült]

Geben Sie mir bitte Ihren Namen und Ihre Anschrift.	Geeft U mij alstublieft uw naam en uw adres. [cheeft ü mei alstüblieft üw naam en üw adress]

ESSEN/UNTERHALTUNG

Wo gibt es hier …	Waar is hier … [waar is hier …]
… ein gutes …	… een goed … [en chut]
… ein nicht zu teures …	… een niet te duur … [en niet te dühr]
… Restaurant?	… restaurant? [restoorant]
Gibt es hier eine gemütliche Kneipe?	Is er hier een gezellig kroegje? [is er hier en chesellich kruchje]
Reservieren Sie uns bitte für heute Abend einen Tisch für vier Personen.	Wilt u (voor ons) voor vanavond een tafel voor vier personen reserveren? [wilt ü (fohr ons) fohr fanaafont en taafl fohr fier persoonen reeserfeern]
Die Speisekarte, bitte!	De kaart, graag! [de kaart chraach]
Ich nehme …	Ik neem … [ik neem]
Bitte ein Glas …	Een glas …, alstublieft. [en chlas … alstüblift]
Auf Ihr Wohl!	Proost!/Op uw gezondheid! [proost/op ü chesontheit]
Die Rechnung, bitte.	De rekening, alstublieft. [de reekening, alstüblieft]
Es stimmt so.	Het is goed zo. [het is chut so]
Wo sind bitte die Toiletten?	Waar is het toilet? [waar is hett twalett?]

EINKAUFEN

Wo finde ich …?	Waar vind ik …? [waar fint ik]
… eine Apotheke?	… een apotheek? [en aapooteek]
… eine Bäckerei?	… een bakkerij? [en bakkerei]
… ein Fotogeschäft?	… een fotowinkel? [en footoowinkel]
… ein Kaufhaus?	… een warenhuis? [en wahrenheus]
… ein Lebensmittelgeschäft?	… een kruidenier? [en kreudenier]
… einen Markt?	… een markt? [en marückt]
Haben Sie …?	Heeft u …? [heeft ü]

ÜBERNACHTUNG

Können Sie mir bitte … empfehlen?	Kunt u mij … aanbevelen? [künt ü mei … aanbefeelen]
… ein gutes Hotel …	… een goed hotel… [en chut hootel]
… eine Pension …	… een pension … [en penschon]
Haben Sie noch Zimmer frei?	Heeft u nog kamers vrij? [heeft ü noch kaamrs frei]
ein Einzelzimmer	een eenpersoonskamer [en eenpersoonskaamr]

ein Doppelzimmer	een tweepersoonskamer [en tweepersoonskaamr]
mit Dusche/Bad	met douche/bad [met dusch/batt]
für eine Nacht	voor een nacht [voor een nacht]
für eine Woche	voor een week [voor een week]
Was kostet das Zimmer mit …	Hoeveel kost logies met … [huveel kost looschies met]
… Frühstück?	… ontbijt? [onntbeit]
… Halbpension?	… halfpension? [halfpenschoon]

PRAKTISCHE INFORMATIONEN

ARZT

Können Sie mir einen guten Arzt empfehlen?	Kunt u mij een goede dokter/arts aanbevelen? [künnt ü mei en chuje doktr/arrts aanbeveelen]
Ich habe hier Schmerzen.	Ik heb hier pijn. [ik hep hier pein]
Ich habe Fieber.	Ik heb koorts. [ik hep koorts]

POST

Was kostet …	Hoeveel kost [huveel kost] …
… ein Brief …	… een brief … [en brief]
… eine Postkarte …	… een briefkaart … [en briefkaart]
… nach Deutschland?	… naar Duitsland? [naar döitslant]
Eine Briefmarke, bitte.	Een postzegel, alstublieft. [en posseechel alstüblieft]

ZAHLEN

0	nul [nül]	16	zestien [sestien]	90	negentig [neechentich]
1	één [een]	17	zeventien [seefentien]	100	honderd [hondert]
2	twee [tweh]	18	achttien [achtien]	200	tweehonderd [twehhondert]
3	drie [drie]	19	negentien [neechentien]	1000	duizend [deusent]
4	vier [vier]	20	twintig [twintich]	10000	tienduizend [tiendeusent]
5	vijf [feif]	21	één-en-twintig [een en twintich]	1/2	een half [ünn half]
6	zes [ses]	30	dertig [dertich]	1/4	een vierde, een kwart [ünn vierde, ünn kwart]
7	zeven [seefen]	40	veertig [veertich]		
8	acht [acht]	50	vijftig [feiftich]		
9	negen [neechen]	60	zestig [sestich]		
10	tien [tien]	70	zeventig [seefentich]		
11	elf [ellüff]	80	tachtig [tachtich]		
12	twaalf [twaalüff]				
13	dertien [dertien]				
14	veertien [veertien]				
15	vijftien [feiftien]				

Grote Kerk in Den Haag

> UNTERWEGS IN DEN NIEDERLANDEN

Die Seiteneinteilung für den Reiseatlas finden Sie auf dem hinteren Umschlag dieses Reiseführers

REISE ATLAS

A
B
C
1
2
3
4
5
6
10 km
NOORDZEE
Waddeneilanden
Vlieland
(Flylân)
Oost-Vlieland
(East Flylân)
Landerum
West-Terschelli
(West-Skylge)
Harlin
De Cocksdorp
De Koog
Texel
Eco Mare
Oosterend
Den Burg
't Horntje
Noorderhaaks
Den Helder
De Kooy
Hippo-
lytushoef
Den Oever
Julianadorp
De Groene
Kustweg
Anna
Paulowna
Amstel-
meer
Wieringerwerf
Kreileroord
Callantsoog
Wieringermeer
Middenmeer
Schagerbrug
Schagen
Sint Maartensbrug
Noord-
hollandskanaal
Medemblik
Andijk
Niedorp
West-Friesland
Camperduin
Harenkarspel
Schoorl
Langedijk
Spanbroek
Wervershoof
Hoogkarspel
Wognum
Enkh
Stede Br
Bergen
Bergen aan Zee
Heerhugo-
waard
Hoorn
Venhuizen
Alkmaar
Egmond
aan Zee
Stompetoren
Wester-
Koggenland
Schellinkhout
Heiloo
Beemster
Polder
Noord-
beemster
Oosthuizen
Castricum
Akersloot
De Rijp
Markermee
Uitgees
Heemskerk
Beverwijk
Alkmaarder
meer
Purmerend
Edam
Lelys
Zurich
(Surch)
Kn. Zurich
Afsluitdijk
De Groene
Kustweg
Makk
Wo
(Wa
Hindelo
(Hyl
Stavoren
(Starum)
IJsse
Wadden
E22
A7
A9
99
242
9
124
30
25
46
32
47
52
14
13
12
11
9
8
7

D
E
F
1
2
3
4
5
6
Ameland
(It Amelân)
Schiermonnikoog
(Skiermûntseach)
Schiermonnikoog
(Skiermûntseach)
Nes
Buren
(Bueren)
Hollum
Lauwersoog
Anjum
(Eanjum)
Lauwersmeer
Holwerd
(Holwert)
Metslawier
(Mitselwier)
Ferwert
(Ferwerd)
Dongeradeel
Marrum
Dokkum
Het Bildt
Sint Annaparochie
(St. Anne)
Sint Jacobiparochie
(St. Jabik)
Rinsumageest
(Rinsumageast)
Driesum(Driezum)
Damwoude(Damwâld)
Kollum
Stiens
Âldtsjerk
Veenwouden
Zwaagwesteinde
(De Westerein)
Buitenpost
(Bûtenpost)
Tzummarum
(Tsjummarum)
Menaldum
(Menaam)
Marssum
(Marsum)
Leeuwarden
(Ljouwert)
Franekeradeel
Grootegast
Burgum/
(Bergum)
Bergumermeer
Surhuisterveen
(Surhusterfean)
Tytsjerksteradiel
Franeker
(Frentsjer)
Van Harinxmakanaal
De Leijen
Winsum
Arum
Wergea
Warga
Marum
Wiuwert/(Wieuwerd)
Drachten
Bakkeveen
(Bakkefean)
Witmarsum
(Wytmarsum)
Wommels
Grou
Grouw
Nij Beets
Bolsward
(Boalset)
Epemastate
Aldeboarn
Oldeboorn
Beetsterzwaag
(Beetstersweach)
Sneek
(Snits)
Akkrum
Opsterland
Donkerbroek
Sneekermeer
Kn. Heerenveen
Gorredijk
(De Gordyk)
Blauwhuis (Blauhus)
IJlst (Drylts)
Heremastate
Tjonger K.
Hommerts
(De Hommerts)
Joure
(De Jouwer)
Heerenveen
(It Hearrenfean)
Woudsend
(Wâldsein)
Kn. Joure
Oldeberkoop
(Oldeberkeap)
Fluessen
Sint Nicolaasga
(Sint Nyk)
Rottum
Skarsterlân
Koudum
Sloten-meer
Tjeukemeer
Wolvega
(Wolvegea)
Balk
Sloten (Sleat)
Vledder
Oosterzee
(Eastersee)
Weststellingwerf
Oudemirdum
(Aldemardum)
Lemmer
(De Lemmer)
Gemaal Buma
De Blesse
Rutten
Oldemarkt
Havelte
meer
Kuinre
Steenwijk
Noordoostpolder
Espel
Marknesse
Blokzijl
Giethoorn
Emmeloord
Beulaker Wijde
Blauwe Hand
Kn. Emmeloord
Meppel
Vollenhove
Urk
Nagele
Kn. Lankhorst
Zwartsluis
Staphorst
Ens
Genemuiden
Schokland
Zwarte-meer
Ketelmeer
IJsselmuiden
Hasselt
Ketelhaven
Swifterbant
Kampen
Zwolle
Dalfsen
Dronten
Den Berg
A31
A7
A32
A6
A28
E22
31
354
355
381
50
302
126

A
B
C
1
2
4
5
6
10 km
Waddeneilanden
Schiermonnikoog
(Skiermûntseach)
Terschelling
(Skylge)
Ameland
(It Amelân)
Hollum
Nes
Buren
(Bueren)
Schiermonnikoog
(Skiermûntseach)
Waddenzee
Lauwersoog
Holwerd
(Holwert)
Anjum
(Eanjum)
Metslawier
(Mitselwier)
Ulrum
Ferwert
(Ferwerd)
Dongeradeel
Lauwersmeer
Zoutkamp
Het Bildt
Marrum
Dokkum
Sint Jacobiparochie
(St. Jabik)
Sint Annaparochie
(St. Anne)
Rinsumageest
(Rinsumageast)
Driesum(Driezum)
Damwoude(Damwâld)
Kollum
Grijpskerk
Stiens
Âldtsjerk
Tzummarum
(Tsjummarum)
Veenwouden
Zwaagwesteinde
(De Westerein)
Buitenpost
(Bûtenpost)
Van Starkenborgh
Marssum
(Marsum)
Leeuwarden
(Ljouwert)
Menaldum
(Menaam)
Grootegast
A31
Burgum/
(Bergum)
Bergumermeer
Surhuisterveen
(Surhusterfean)
Franeker
(Frentsjer)
Harinxmak.
Tytsjerksteradiel
Winsum
De Leijen
Arum
Wergea
Warga
Marum
Leek
Witmarsum
(Wytmarsum)
Wiuwert/(Wieuwerd)
Wommels
Drachten
Bolsward
(Boalset)
Epemastate
Grou
Grouw
Nij Beets
Bakkeveen
(Bakkefean)
Sneek
(Snits)
Akkrum
Aldeboarn
Oldeboorn
Beetsterzwaag
(Beetstersweach)
Waskemeer
A7
Opsterland
Sneekermeer
Blauwhuis
(Blauhus)
IJlst (Drylts)
Heeremastate
Kn. Heerenveen
Donkerbroek
Gorredijk
(De Gordyk)
Tjonger K.
Hommerts
(De Hommerts)
Joure
(De Jouwer)
E22
Oosterwolde
Ooststellingwerf
Woudsend
(Wâldsein)
Kn. Joure
Heerenveen
(It Hearrenfean)
Appelscha
Sint Nicolaasga
(Sint Nyk)
Rottum
Oldeberkoop
(Oldeberkeap)
Slotenmeer
Balk
Skarsterlân
Tjeukemeer
Hoogersmilde
Sloten (Sleat)
A6
Wolvega
(Wolvegea)
Oudemirdum
(Aldemardum)
Oosterzee
(Eastersee)
Weststellingwerf
Vledder
Lemmer
(De Lemmer)
Gemaal Buma
De Blesse
Diever
Dwingeloo
Rutten
Oldemarkt
A32
Drentse Hoofdvaart
Oldeberkoop
Kuinre
Steenwijk
Havelte
Ruinen
Noordoostpolder
Espel
Marknesse
Blokzijl
Giethoorn
Emmeloord
Beulaker Wijde
Blauwe Hand
Kn. Emmeloord
Meppel
Vollenhove
Urk
Nagele
Kn. Lankhorst
De Wijk
E232
Schokland
Ens
Zwartsluis
Staphorst
Genemuiden
Balkbrug
126
122

D
E
F
Memmert
Norddeich
Lütetsburg
Borkum
Norden
Wasserburg
Nationalpark
Niedersächsisches
Wattenmeer
Rottumerplaat
Rottumeroog
Simonszand
Marienhafe
Greetsiel
Störtebeker-straße
Wirdum
DEUTSCHLAND
Krummhörn
Pewsum
Hinte
Groot-husen
Eemshaven
Roodeschool
Uithuizen
Warffum
Hefshuizen
Menkemaborg
Wehe-den Hoorn
De Groene Kustweg
't Zandt
Eems
Ems
Rysum
Emden
Petkum
Winsum
Middelstum
Loppersum
Delfzijl
Pogum
Bedum
Appingedam
Termunten
Ten Boer
Eems-kanaal
Dollart
Dollard
Ditzumer-verlaat
Aduard
GRONINGEN
Siddeburen
Nieuwolda
Hoogkerk
Kn. Europaplein
De Groene Kustweg
Slochteren
Nieuwe-schans
Bunde
E22
A7
Beerta
Kn. Julianaplein
Peize
Haren
Paterswolde
Hoogezand-Sappemeer
Scheemda
Winschoten
Bellingwolde
Wymeer
Roden
Zuidlaardermeer
Veendam
Oude Pekela
Bellingwedde
Wedde
Rhede (Ems)
A28
Zuidlaren
Vries
Norg
Nieuwe Pekela
Huis te Wedde
Vlagtwedde
E232
Hunze
Stadskanaal
Anloo
Onstwedde
Bourtange
Assen
Gieten
Gasselter-nijveen
Stadskanaal
Rolde
Gasselte
Hondsrug
Smilde
Mussel-kanaal
Walchum
Hooghalen
Borger
Schoonloo
Ter Apel
Beilen
Exloo
Westerbork
Odoorn
Rütenbrock
Orvelte
Schoonoord
Emmen
Schloss Dankern
Zweeloo
Emmer-Compascuum
Sleen
Haren (Ems)
De Klencke
Ooster-hesselen
Erm
Hoogeveen
A37
E233
Zwartemeer
Schöninghs-dorf
Kn. Hoogeveen
Dalen
Nieuw-Amsterdam
Rühlerfeld
Zuidwolde
Coevorden
Schoonebeek
Groß-Hesepe
Dr. Picardt
Slagharen
Geeste
Moormuseum
Emlichheim
Gramsbergen

A
B
C
1
2
3
4
5
6
10 km
Newcastle
NOORDZEE
Bergen aan Zee
Alkmaar
Egmond aan Zee
Heiloo
Castricum
Akersloot
Uitgeest
Alkmaarder meer
Heemskerk
Beverwijk
Velsen
IJmuiden
Santpoort
Bloemendaal
HAARLEM
Zandvoort
Zaandam
Zwanenburg
Heemstede
De Groene Kustweg
Linnaeus-hof
Hillegom
Keukenhof
Nieuw-Vennep
Hoofddorp
Noordwijkerhout
Noordwijk
Sassenheim
Lisse
Uithoorn
Westeinder-plassen
Katwijk
Oegst-geest
Mijdrecht
Leiderdorp
Wassenaar
Voorschoten
LEIDEN
Alphen a.d. Rijn
Sea Life Centre
Scheveningen
Avifauna
Bodegraven
Voorburg
Boskoop
DEN HAAG
's-Gravenhage
ZOETERMEER
Rijswijk
Monster
Wad-dinx-veen
Gouda
's-Gravenzande
Pijnacker
Bleiswijk
Kingston upon Hull
Harwich
Naaldwijk
Delft
Berkel en Rodenrijs
Hoek van Holland
Europoort
ROTTERDAM
Nieuwerkerk a/d IJ.
Capelle a/d IJ.
Bergambacht
Maassluis
Oostvoorne
Vlaar-dingen
Schie-dam
Ridder-kerk
Krimpen a/d IJ.
Lekkerkerk
Rockanje
Brielle
Kinderdijk
Haringvliet-dam
Oude Maas
Alblasserdam
Spijke-nisse
Barendrecht
Hellevoetsluis
Oud-Beijerland
Spui
Sliedrecht
Stellendam
Piershil
DORDRECHT
Haringvliet
Middelharnis
's-Gravendeel
Nieuwe Merwede
Klaaswaal
Dirksland
Zuid-Beijerland
Strijen
Biesbosch
Overflakkee
Numansdorp
Kn. Hellegatsplein
Hooge Zwaluwe
Geertruidenberg
Nieuwe-Tonge
Oude-Tonge
Hollands Diep
Kn. Klaverpolder
Made
Schuddebeurs
Willemstad
Klundert
Bruinisse
A9
A44
A4
A12
A20
A15
A29
A17
A59
E19
E30
E25
129
33
124

Hoorn
Venhuizen
Urk
Schellinkhout
Wester-Koggenland
Oosthuizen
Noord-beemster
Swifterbant
Markermeer
Purmerend
Edam
Lelystad
Volendam
Marken
Havenbuurt
ZAANSTAD
Landsmeer
Monnickendam
Flevoland
Biddinghuizen
Speedway-circuit
AMSTERDAM
Broek in Waterland
Almere Buiten
Almere
Diemen
Muiderslot
Almere-Haven
Dolfinarium
Hierden
Harderwijk
Zeewolde
Kn. Muiderberg
Naarden
Ouder-Amstel
Weesp
Bussum
Huizen
Ermelo
Speulde
Kn. Holendrecht
Laren
Bunschoten
Putten
Garderen
Hilversum
Kn. Eemnes
Nijkerk
Loosdrecht
Baarn
Kn. Hoevelaken
Voorthuizen
Vinkeveen
Breukelen
Loosdrechtsepl.
Pal. Soestdijk
Soest
Maarssen
Barneveld
Palmpol
De Bilt
UTRECHT
AMERSFOORT
Vleuten
Pyramide
Lunteren
Scherpenzeel
Bunnik
Zeist
Maarn
Woudenberg
Nieuwegein
Driebergen-R.
Kn. Lunetten
Ede
Oudewater
Houten
Doorn
Leersum
Amerongen
Veenendaal
IJsselstein
Vianen
Amsterdam-Rijnk.
Wijk b. D.
Wageningen
Kn. Everdingen
Rijswijk
Rhenen
Culemborg
Kesteren
Meerkerk
Buren
Echteld
Geldermalsen
Leerdam
Asperen
Tiel
Druten
Kn. Gorinchem
Kn. Deil
Beneden-Leeuwen
Kn. Ewijk
Appeltern
Ophemert
Dreumel
Gorinchem
Neerijnen
Waal
Brakel
Kn. Bankhoef
Loevestein
Zaltbommel
Lith
Ravenstein
Kerkdriel
Oss
Aalburg
Ammerzoden
Schaijk
Dussen
's-Hertogenbosch
Kn. Empel
Geffen
Rosmalen
Heesch
Vlijmen
Nistelrode
Kn. Hooipolder
Waalwijk
Autotron
Zeeland
Waspik
Sprang-
Drunen
Berlicum
Uden
A7
E22
A6
A1
A9
A28
E232
E35
A27
A2
A12
A30
E30
E25
E31
A15
A50
A2
A59
E311
121
130

Urk
10 km
Emmeloord
Vollenhove
Meppel
De Wijk
Staphorst
Schokland
Ens
Zwartemeer
Genemuiden
Zwartsluis
Lankhorst
Balkbrug
Ketelmeer
Ketelhaven
Hasselt
Swifterbant
Kampen
IJsselmuiden
Dronten
Zwolle
Kn. Hattemerbroek
Den Berg
Dalfsen
Den Aalshorst
Overijssels
Flevoland
Flevohof
Biddinghuizen
Elburg
Oldebroek
Wezep
Hattem
Windesheim
Heino
Lemelerveld
Speedway-circuit
't Harde
Wapenveld
Kasteel Het Nijenhuis
Avon
Veluwemeer
Nunspeet
Het Veen
Heerde
Wijhe
Raalte
Dolfinarium
Hierden
Harderwijk
Epe
Olst
Heeten
Vierhouten
Zeewolde
Ermelo
Vaassen
Diepenveen
Deventer
Elspeet
Speuld
Putten
Garderen
APELDOORN
Pal. Het Loo
Terwolde
Twello
Bathmen
Voorthuizen
Nieuw Milligen
Gorssel
Kootwijk
Kn. Beekbergen
Gietelo
Barneveld
Beekbergen
Berkel
Wekerom
Harskamp
Hoenderloo
Zutphen
Vorden
Rijksmuseum Kröller-Müller
Loenen
Lunteren
Otterlo
Eerbeek
Brummen
Nat. Park de Hoge Veluwe
Nat. Park Veluwezoom
Baak
Ede
Steenderen
Dieren
Hengelo
Kn. Grijsoord
Rheden
Doesburg
Veenendaal
Renkum
Angerlo
Hummelo
Wageningen
Rhenen
Nederlands Openlucht Museum
Kn. Velperbroek
Oude IJssel
Wehl
Doetinchem
Kesteren
ARNHEM
Huissen
Didam
Elst
Duiven
Zevenaar
Bergh
Echteld
Kn. Valburg
Bemmel
Gendt
Pannerden
Zeddam
's-Heerenberg
Andelst
Druten
Kn. Ressen
Elten
Beneden-Leeuwen
Beuningen
Kn. Ewijk
Ubbergen
Millingen a/d R.
Rijnwaarden
Gendringen
Appeltern
Keeken
Emmerich
Kn. Bankhoef
NIJMEGEN
Rhein
Heilig Land-stichting
Kranenburg
a.Rh.
Ravenstein
Wijchen
Kleve
Schloss Moyland
Rees
Heumen
Groesbeek
Cuijk-St. Agatha
Schaijk
Grave
Bedburg-Hau
Kalkar
Heesch
Maas
Nistelrode
Grunewald
Mill-St. Hubert
Gennep
Goch
122
131

Hoogeveen
Zuidwolde
D
Coevorden
Dalen
Amsterdam
E
Schoonebeek
dort
F
Rühlerfeld
123
Groß-Hesepe
Twist
Moormuseum
Geeste
Ems
Slagharen
Dr. Picardt Route
Emlichheim
Dedemsvaart
Gramsbergen
Vechte
Hardenberg
Hoogstede
Georgsdorf
403
Ommen
Dr.-Picardt-Route
Wilsum
Esche
Wietmarschen
Mariënberg
Vecht
Itterbeck
Uelsen
Kloosterhaar
Neuenhaus
Hünengräber
Den Ham
Westerhaar-Vriezenveensewijk
Getelo
Lage
Kirchhof
Vroomshoop
Kanaal
Mander
Ems-Vechte-K.
Hellendoorn
Vriezenveen
Tubbergen
Ootmarsum
Lattrop
Nordhorn
Engden
Neerlage
Wierden
Almelo
Denekamp
Weerselo
Isterberg
Nijverdal
Rossum
De Lutte
E30
Schüttorf
Oldenzaal
Kn. Azelo
Rijssen
Enter
Borne
Gildehaus
Holten
Kn. Buren
Losser
Bad Bentheim
Stad Delden
Hengelo
Goor
Glanerbrug
Gronau
Ochtrup
Markelo
Beckum
A35
Twente Kan.
Hengevelde
Diepenheim
ENSCHEDE
Epe
Vogelpark
Haaksbergen
Lochem
Neede
Heek
Metelen
Borculo
Buurse
Alstätte
Eibergen
Schöppingen
Hamaland-route
Ruurlo
Ottenstein
Zwillbrock
Bauernhaus-museum
Ahaus
Legden
Osterwick
Veldhoek
Groenlo
Vreden
Meddo
Stadtlohn
Holtwick
Zieuwent
Lichtenvoorde
Winterswijk
Gescher
Varsseveld
Südlohn
Freilicht-museum
Coesfeld
Aalten
Wisch
Großburlo
Velen
Lette
Dinxperlo
Barlo
Hamaland-route
Ramsdorf
DEUTSCHLAND
Hemden
Borken
Merfeld
Anholt
Maria Veen
Isselburg
Rhede
Heiden
Wildpferde-fangbahn
Reken
Sperrgebiet
Bocholt
Hohe Mark
Haldern
Lavesum
Dingden
Schloss Raesfeld
Raesfeld
Lembeck
Schloss Lembeck
Hohe Mark
E35
Erle
Rhade
Haltern am See
Brünen
Marienthal
Hamminkeln
Wesel
Haus Esselt
WULFEN
Marl
Kreuz Marl-Nord

A
B
C
1
2
3
4
5
6
10 km
Harwich
's-Gra
Hoek
Oost
Rock
Haringv
NOORDZEE
Goeree
Ouddorp
Brouwersdam
Grevelingen
Scharendijke
Renesse
Haamstede
Brouwershaven
Schouwen
Schuddebeurs
Zierikzee
Duiveland
Waterland
Neeltje Jans
Oosterscheldedam
Middelharnis-Zeeland-Route
Zeelandbrug
Stavenisse
Wissenkerke
Noord-Beveland
Domburg
Oostkapelle
Veere
Kortgene
Westkapelle
Zuid-Beveland
Middelburg
Veerse meer
Wolphaartsdijk
Wemeldinge
Goes
Arnemuiden
Koudekerke
Oost-Souburg
Vlissingen
de Poel
Ovezande
Borssele
Baarland
Knokke-Heist
Cadzand
Breskens
Ellewoutsdijk
Westerschelde
Kloosterzande
Schoondijke
Hoofdplaat
Terneuzen
Sluis
Oostburg
IJzendijke
Hoek
Zaamslag
Ter Ho
Aardenburg
Watervliet
Sluiskil
Axel
Leopoldkanaal
BRUGGE (BRUGES)
Maldegem
Sas van Gent
Kaprijke
Assenede
Stekene
Zelzate
Eeklo
Ertvelde
Wachtebeke
Oedelem
Oostkamp
BELGIË/BELGIQUE
St.-N (St.-Nicola
Knesselare
Evergem
Lokeren
Kanaal Brugge-Gent
Oostakker
Rivierbeek
Aalter
GENT (GAND)
Wingene
Zele
Dendermo (Termon
Zwevezele
Nevele
's-Gravenstein
Aarsele
Laarne
Kaste
E312
A58
E403
E34
E40
A10
R4

Naaldwijk
Delft
Bleiswijk
Berkel en Rodenrijs
Hollandse IJssel
ROTTERDAM
Schoonhoven
Capelle a/d IJ.
Bergambacht
Maassluis
Krimpen a/d IJ.
Lekkerkerk
Brielle
Vlaardingen
Schiedam
Ridderkerk
Kinderdijk
Alblasserdam
Spijkenisse
Oude Maas
Barendrecht
Hellevoetsluis
Oud-Beijerland
Sliedrecht
Werkendam
DORDRECHT
Piershil
Haringvliet
's-Gravendeel
Nieuwendijk
Klaaswaal
Middelharnis
Zuid-Beijerland
Strijen
Nieuwe Merwede
Biesbos
Overflakkee
Numansdorp
Kn. Hellegatsplein
Hooge Zwaluwe
Geertruidenberg
Oude-Tonge
Hollands Diep
Kn. Klaverpolder
Made
Philipsdam
Willemstad
Bruinisse
Ooltgensplaat
Klundert
Krammer
Zevenbergen
Oosterhout
Dinteloord
Fijnaart
Philipsland
Prinsenbeek
Steenbergen
Oud Gastel
Etten-Leur
Nieuw-Vossemeer
Oudenbosch
Schelde-Rijnkanaal
BREDA
Roosendaal
Ulvenhout
Halsteren
Wouw
Rucphen
Tholen
Rijsbergen
Kn. Galder
Kn. De Stok
Chaam
Bergen op Zoom
Nispen
Zundert
Yerseke
Kn. Zoomland
Meerle
Essen
Achtmaal
Hoogerheide
Kn. Markiezaat
Ossendrecht
Wuustwezel
Hoogstraten
Béguinages
Putte
Kalmthout
Brecht
Rijkevorsel
Merksplas
Beerse
Graauw
Kapellen
Brasschaat
Westmalle
Hulst
(Anvers)
Oostmalle
ANTWERPEN
Zoersel
St.-Antonius
Schoten
St.-Gillis-Waas
Zwijndrecht
Schilde
Lille
Grobbendonk
Vorselaar
Beveren
Herentals
Ranst
Kruibeke
Hemiksem
Mortsel
Herenthout
Olen
Kontich
Lier (Lierre)
Nijlen
Schelde
Hamme
Temse
Niel
Boom
Berlaar
Heist-op-den-Berg
Duffel
Willebroek
St.-Katelijne-Waver
St.-Amands
Puurs
Putte
Herselt
Buggenhout
Nete
E19
E25
E312
E17
E34
E31
A20
A15
A29
A17
A59
A16
A27
A58
A4
A12
A1
A21
A14
A13

Geertruidenberg
Made
Waalwijk
Vlijmen
Rosmalen
Heesch
Nistel
's-Hertogenbosch
Waspik
Sprang-Capelle
Drunen
Kn.Vught
Berlicum
Oosterhout
De Efteling
Loon op Zand
Helvoirt
Vught
St.-Michielsgestel
Heeswijk-Dinther
Veghel
BREDA
Dongen
Udenhout
Berkel-Enschot
Boxtel
Schijndel
Rijen
TILBURG
Oisterwijk
Liempde
St.-Oedenrode
Erp
Zuid Willemsvaart
Ulvenhout
Galder
Gilze
Chaam
Goirle
DeBaars
Moergestel
Oirschot
Best
Son en Breugel
Lieshout
Wilhelminakanaal
Alphen
Meerle
Hilvarenbeek
Middelbeers
Nuenen
Baarle-Nassau
Safaripark
Poppel
EINDHOVEN
Vessem
Veldhoven
Mierlo
Geldrop
Lage Mierde
Bladel-Netersel
Hapert
Waalre
Heeze
Ravels
Reusel
Leenderheide
Merksplas
Eersel
Leende
Beerse
Turnhout
Arendonk
De Kempervennen
Valkenswaard
Bergeyk
Budel
Retie
Postel
Borkel
Achel
Kasterlee
Dessel
Lommel
Lille
Hamont
Lichtaart
Kempisch Kanaal
Neerpelt
Lozen
Herentals
Mol
BELGIË
Overpelt
Geel
Balen
Bocholt
Eksel
Olen
Leopoldsburg
Hechtel
Albert-Kanaal
Meerhout
Peer
Westerlo
Abdij van Tongerlo
Meeuwen-Gruitrode
Opglabbeek
BELGIQUE
Tessenderlo
Beringen
Koersel
Houthalen-Helchteren
Abdij van Averbode
Herselt
Averbode
Paal
Heusden-Zolder
As
Aarschot
Scherpenheuvel
Diest
Zonhoven
Rillaar
Lummen
Circuit van Terlaemen
Maasmechelen
Open-luchtmus.
Genk
Bekkevoort
Halen
Herk-de-Stad
Diepenbeek
Zutendaal
Tielt
Hasselt
Lanaken
Glabbeek
Kortenaken
Lubbeek
Nieuwerkerken
Alken
Bilzen
Wellen
Hoeselt
10 km
Butsel
Linter
Zoutleeuw
Kortessem
Veldwezelt
MAASTRICHT
Tienen (Tirlemont)
St.-Truiden (St.-Trond)
Orsmaal-Gussenhoven
Borgloon
Hoegaarden
Tongeren (Tongres)
Landen
Heers
Oreye
A27
A59
A58
A50
E25
E312
A270
A67
A2
A21
E313
E314
E40
A13
A3
266
65
69

Kalkar
126
Marienbaum
Archäolog. Park
Xanten
Vetera
Büderich
Sonsbeck
Alpen
Issum
Kapellen
Uedem
Goch
Gennep
Grunewald
Oeffelt
Mill-St. Hubert
Zeeland
Kn. Rijkevoort
Boxmeer
Oploo
Boekel
Weeze
Vierlingsbeek
Groeningen
Kevelaer
Niers
Maas
Gemert
Rips
Overloon
Bakel-Milheeze
Donk
Venray
Meerlo-Wanssum
Geldern
Walbeck
Kamp-Lintfort
Sevelen
Rheurdt
Helmond
Deurne
Ysselsteyn
Horst
Lottum
Arcen
Niers-route
Straelen
Kerken
Wachtendonk
Asten
Sevenum
Grubbenvorst
Herongen
Kempen
Maasbree
Venlo
Tegelen
Grefrath
Meijel
Nettetal
Lobberich
Tönisvorst
Vorst
SÜCHTELN ANRATH
Nederweert
Weert
Noordervaart
Helden
Baarlo
Kessel
Kaldenkirchen
Bracht
Viersen
Willich
Roggel
Beesel
Naturpark Brüggen
Schwalmtal
Kreuz Neersen
Haelen
Swalmen
Brüggen
Kreuz MG
Korschenbr.
Roermond
Niederkrücht.
MÖNCHENGLADB.
RHEYDT
Heel
Kinrooi
Thorn
Maas-Schwalm-Nette
Wegberg
RHEIN-DAHLEN
Maasbracht
Montfort
Arsbeck
Schl. Elsum
Jüchen
Maaseik
Posterholt
Echt
Karken
Wassenberg
WICKRATH
Kr. MG-Wanlo
Neeroeteren
Waldfeucht
Erkelenz
Holzweiler
Susteren
Heinsberg
Hückelhoven
Dilsen
Born
Selfkant
Jackerath
Baal
Sittard
Gangelt
Randerath
Titz
Eisden
Geilenkirchen
Kn. Kerensheide
DEUTSCHLAND
Stein
Geleen
Brunssum
Linnich
Beek
Nuth
Hoensbroek
Übach-Palenberg
Puffendorf
Baesweiler
Rur
Jülich
Meerssen
Heerlen
Niederzier
Valkenburg a.d.G.
Voerendaal
Kerkrade
Alsdorf
Aldenhoven
Inden
Herzogenrath
Margraten
Simpelveld
Würselen
Langerwehe
Gulpen
Eschwlr.
Foreldorado
Mheer
AACHEN
Aachen
GÜRZENICH
Düren
Burgau
Vaals
Eijsden
Visé (Wezet)
Plombières
Stolberg (Rhld.)
Kreuzau
Hürtgen
Wehebach
E31
E34
E25
E314
E40
A67
A73
A2
A76
A79
40
44
46
57
61
75
78

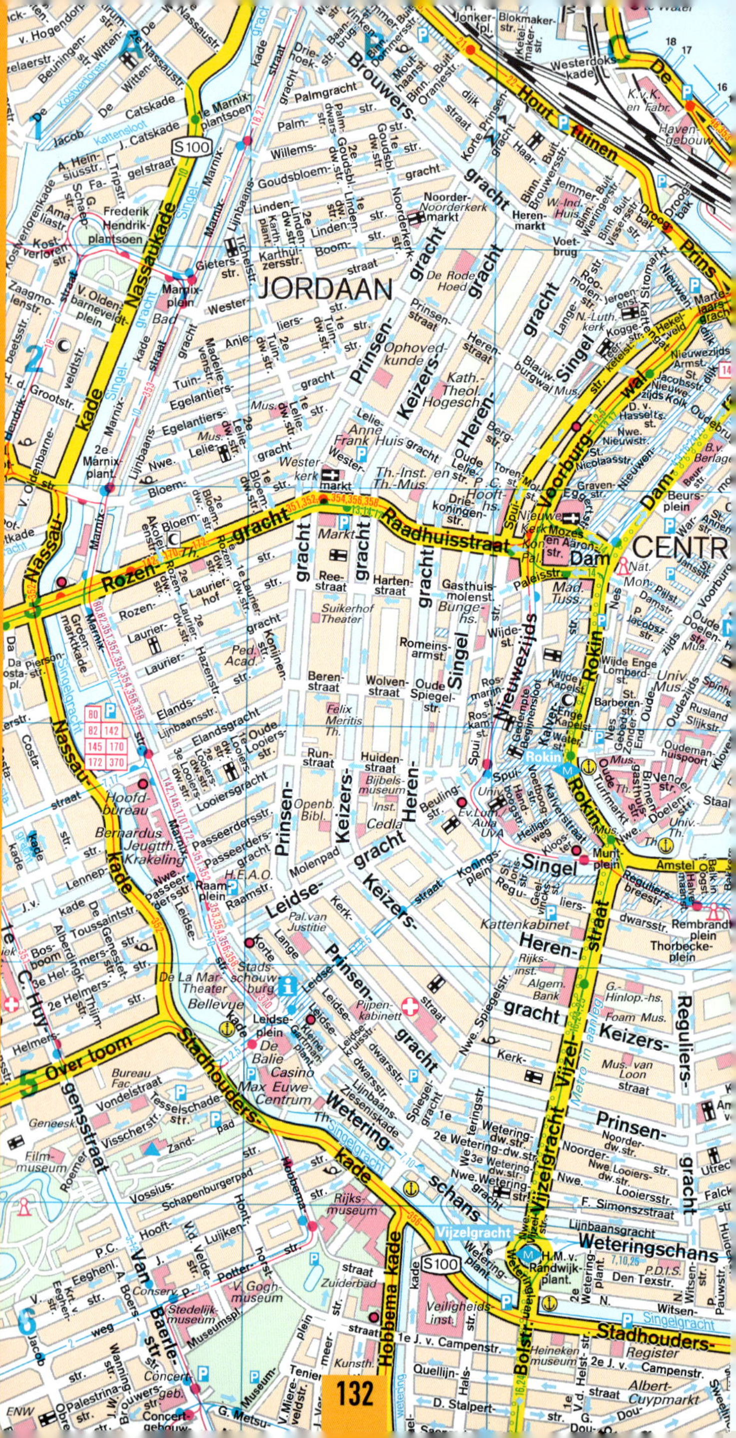

JORDAAN
CENTR
Nassaukade
Brouwersgracht
Haarlemmer Houttuinen
Prinsengracht
Keizersgracht
Herengracht
Singel
Rozengracht
Raadhuisstraat
Dam
Nieuwezijds Voorburgwal
Rokin
Damrak
Leidsegracht
Leidseplein
Leidsestraat
Stadhouderskade
Overtoom
Weteringschans
Vijzelgracht
Vijzelstraat
Reguliersgracht
Hobbemakade
Van Baerlestr.
Marnixstraat
Lijnbaansgracht
Westermarkt
Westerkerk
Anne Frank Huis
Noordermarkt
Noorderkerk
Bloemgracht
Egelantiersgracht
Lauriergracht
Elandsgracht
Looiersgracht
Passeerdersgracht
Kerkstr.
Spui
Muntplein
Amstel
Rembrandtplein
Thorbeckeplein
Kattenkabinet
Bijbelsmuseum
Felix Meritis
Rijksmuseum
V. Gogh-museum
Stedelijk museum
Heineken museum
Concertgebouw
Filmmuseum
Zuiderbad
De La Mar Theater
Bellevue
Stadsschouwburg
Max Euwe-Centrum
Casino
De Balie
Pijpenkabinett
Westerdokskade
Wijde Enge Lombardsteeg
Nieuwe Kerk
Mad. Tuss.
Nat. Mon.
Paleisstr.
Frederik Hendrikplantsoen
Marnixplein
Rokin
Albert-Cuypmarkt
Vijzelgracht
Singelgracht
S100

Amsterdam
250m
HET IJ
NDSM-Werfveer
Buiksloterweg
Buiksloter-wegveer
IJpleinveer
Javaveer
Sixhaven
Meeuwenlaan
IJplein
Metro in aanleg
Gedempte
Het Dok
Noord-
wal
IJhaven
Passagiers Terminal Amsterdam
Parkeerbeheer (Bewaarplaats voor auto's)
Jollemanhof
Centraal Station
De Ruijterkade
Piet Heinkade
Dijks-gracht
Stationsplein
Stedelijk Museum
Post CS
Oosterdok
NEMO
Marine Etablissement
Kattenburgerstraat
Leeuwe-werf
Olifants-werf
Wittenburger-hoofd
Wittenburger-gracht
Oosten-burgergracht
IJ-TUNNEL
Scheepvaart-museum
Kattenburgerplein
Hoogte Kadijk
Prins Hendrikkade
Scheepvaarthuis
Oude Kerk
Nieuwmarkt
De Waag
Geldersekade
Zeedijk
Recht Boomssloot
Kromboomssl.
Oude Schans
Rapenburg
Rapenburgerplein
Uilenburgergracht
Valkenburgerstr.
Jodenbreestr.
Waterlooplein
Mr. Visserpl.
Muiderstr.
J.D. Meijerplein
Inst.M.E.
Muziekwetensch.
Stadhuis „Stopera"
Muziek Theater
Amstel
Herengracht
Wertheimpark
Plantage
Plantage Kerklaan
Hortus Botanicus
Hortusplant.
Planetarium
Geolog. museum
Natura Artis Magistra
Restaurant
Plantage Middenlaan
Entrepotdok
Zoologisch Museum
Muidergracht
Alexanderplein
Nieuwe Keizersgr.
Amstelhof
Nwe. Prinsengr.
Weesperstr.
Roetersstr.
Sarphatihuis
Biochem.
Econom.
Natuurk. Lab.
Psych.
Wiskunde UvA
Rijksacad. v.B.Kunsten
Tropenmuseum
Magere Brug
Theater Carré
Amstelsluizen
Weesperplein
Spinozahof
Singelgracht
Mauritskade
OOST
Oosterpark
Rhijnspoorplein
Frederiksplein
Nederlandse Bank
Sarphatistr.
Wibautstr.
HvA Fashion Design
Boerhaaveplein
Wibauthuis
O.L.V. Gasthuis
Amsteldijk
Eikenplein
Beukenplein
S112
S113
S100
D
E
F
1
2
3
4
5
6

KARTENLEGENDE

18 26	Autobahn mit Anschlussstellen Motorway with junctions
	Autobahn in Bau Motorway under construction
	Mautstelle Toll station
	Raststätte mit Übernachtung Roadside restaurant and hotel
	Raststätte Roadside restaurant
	Tankstelle Filling-station
	Autobahnähnliche Schnellstraße mit Anschlussstelle Dual carriage-way with motorway characteristics with junction
	Fernverkehrsstraße Trunk road
	Durchgangsstraße Thoroughfare
	Wichtige Hauptstraße Important main road
	Hauptstraße Main road
	Nebenstraße Secondary road
	Eisenbahn Railway
	Autozug-Terminal Car-loading terminal
	Zahnradbahn Mountain railway
	Kabinenschwebebahn Aerial cableway
	Eisenbahnfähre Railway ferry
	Autofähre Car ferry
	Schifffahrtslinie Shipping route
	Landschaftlich besonders schöne Strecke Route with beautiful scenery
Alleenstr.	Touristenstraße Tourist route
XI-V	Wintersperre Closure in winter
	Straße für Kfz gesperrt Road closed to motor traffic
8%	Bedeutende Steigungen Important gradients
	Für Wohnwagen nicht empfehlenswert Not recommended for caravans
	Für Wohnwagen gesperrt Closed for caravans

Wartenstein *Umbalfälle*	Sehenswert: Kultur - Natur Of interest: culture - nature
	Badestrand Bathing beach
	Besonders schöner Ausblick Important panoramic view
	Ausflüge & Touren Excursions & tours
	Nationalpark, Naturpark National park, nature park
	Sperrgebiet Prohibited area
	Kirche Church
	Kloster Monastery
	Schloss, Burg Palace, castle
	Moschee Mosque
	Ruinen Ruins
	Leuchtturm Lighthouse
	Turm Tower
	Höhle Cave
	Ausgrabungsstätte Archaeological excavation
	Jugendherberge Youth hostel
	Allein stehendes Hotel Isolated hotel
	Berghütte Refuge
	Campingplatz Camping site
	Flughafen Airport
	Regionalflughafen Regional airport
	Flugplatz Airfield
	Staatsgrenze National boundary
	Verwaltungsgrenze Administrative boundary
	Grenzkontrollstelle Check-point
	Grenzkontrollstelle mit Beschränkung Check-point with restrictions
PARIS	Hauptstadt Capital
MARSEILLE	Verwaltungssitz Seat of the administration

FÜR IHRE NÄCHSTE REISE

gibt es folgende MARCO POLO Titel:

DEUTSCHLAND
Allgäu
Amrum/Föhr
Bayerischer Wald
Berlin
Bodensee
Chiemgau/Berchtesgadener Land
Dresden/Sächsische Schweiz
Düsseldorf
Eifel
Erzgebirge/Vogtland
Franken
Frankfurt
Hamburg
Harz
Heidelberg
Köln
Lausitz/Spreewald/Zittauer Gebirge
Leipzig
Lüneburger Heide/Wendland
Mark Brandenburg
Mecklenburgische Seenplatte
Mosel
München
Nordseeküste Schleswig-Holstein
Oberbayern
Ostfriesische Inseln
Ostfriesland/Nordseeküste Niedersachsen/Helgoland
Ostseeküste Mecklenburg-Vorpommern
Ostseeküste Schleswig-Holstein
Pfalz
Potsdam
Rheingau/Wiesbaden
Rügen/Hiddensee/Stralsund
Ruhrgebiet
Sauerland
Schwäbische Alb
Schwarzwald
Stuttgart
Sylt
Thüringen
Usedom
Weimar

ÖSTERREICH | SCHWEIZ
Berner Oberland/Bern
Kärnten
Österreich
Salzburger Land
Schweiz
Steiermark
Tessin
Tirol
Wien
Zürich

FRANKREICH
Bretagne
Burgund
Côte d'Azur/Monaco
Elsass
Frankreich
Französische Atlantikküste
Korsika
Languedoc-Roussillon
Loire-Tal
Nizza/Antibes/Cannes/Monaco
Normandie
Paris
Provence

ITALIEN | MALTA
Apulien
Capri
Dolomiten
Elba/Toskanischer Archipel
Emilia-Romagna
Florenz
Gardasee
Golf von Neapel
Ischia
Italien
Italienische Adria
Italien Nord
Italien Süd
Kalabrien
Ligurien/Cinque Terre
Mailand/Lombardei
Malta/Gozo
Oberital. Seen
Piemont/Turin
Rom
Sardinien
Sizilien/Liparische Inseln
Südtirol
Toskana
Umbrien
Venedig
Venetien/Friaul

SPANIEN | PORTUGAL
Algarve
Andalusien
Barcelona
Baskenland/Bilbao
Costa Blanca
Costa Brava
Costa del Sol/Granada
Fuerteventura
Gran Canaria
Ibiza/Formentera
Jakobsweg/Spanien
La Gomera/El Hierro
Lanzarote
La Palma
Lissabon
Madeira
Madrid
Mallorca
Menorca
Portugal
Sevilla
Spanien
Teneriffa

NORDEUROPA
Bornholm
Dänemark
Finnland
Island
Kopenhagen
Norwegen
Oslo
Schweden
Stockholm
Südschweden

WESTEUROPA | BENELUX
Amsterdam
Brüssel
Dublin
Edinburgh
England
Flandern
Irland
Kanalinseln
London
Luxemburg
Niederlande
Niederländische Küste
Schottland
Südengland

OSTEUROPA
Baltikum
Budapest
Danzig
Estland
Kaliningrader Gebiet
Krakau
Lettland
Litauen/Kurische Nehrung
Masurische Seen
Moskau
Plattensee
Polen
Polnische Ostseeküste/Danzig
Prag
Riesengebirge
Russland
Slowakei
St. Petersburg
Tallinn
Tschechien
Ukraine
Ungarn
Warschau

SÜDOSTEUROPA
Bulgarien
Bulgarische Schwarzmeerküste
Kroatische Küste/Dalmatien
Kroatische Küste/Istrien/Kvarner
Montenegro
Rumänien
Slowenien

GRIECHENLAND | TÜRKEI | ZYPERN
Athen
Chalkidiki
Griechenland Festland
Griechische Inseln/Ägäis
Istanbul
Korfu
Kos
Kreta
Peloponnes
Rhodos
Samos
Santorin
Türkei
Türkische Südküste
Türkische Westküste
Zakinthos
Zypern

NORDAMERIKA
Alaska
Chicago und die Großen Seen
Florida
Hawaii
Kalifornien
Kanada
Kanada Ost
Kanada West
Las Vegas
Los Angeles
New York
San Francisco
USA
USA Neuengland/Long Island
USA Ost
USA Südstaaten/New Orleans
USA Südwest
USA West
Washington D.C.

MITTEL- UND SÜDAMERIKA
Argentinien
Brasilien
Chile
Costa Rica
Dominikanische Republik
Jamaika
Karibik/Große Antillen
Karibik/Kleine Antillen
Kuba
Mexiko
Peru/Bolivien
Venezuela
Yucatán

AFRIKA | VORDERER ORIENT
Ägypten
Djerba/Südtunesien
Dubai
Israel
Jerusalem
Jordanien
Kapstadt/Wine Lands/Garden Route
Kapverdische Inseln
Kenia
Marokko
Namibia
Qatar/Bahrain/Kuwait
Rotes Meer/Sinai
Südafrika
Tansania, Sansibar
Tunesien
Vereinigte Arabische Emirate

ASIEN
Bali/Lombok
Bangkok
China
Hongkong/Macau
Indien
Indien/Der Süden
Japan
Kambodscha
Ko Samui/Ko Phangan
Krabi/Ko Phi Phi/Ko Lanta
Malaysia
Nepal
Peking
Philippinen
Phuket
Rajasthan
Shanghai
Singapur
Sri Lanka
Thailand
Tokio
Vietnam

INDISCHER OZEAN | PAZIFIK
Australien
Malediven
Mauritius
Neuseeland
Seychellen
Südsee

REGISTER

Im Register sind alle in diesem Reiseführer erwähnten Orte und Ausflugsziele verzeichnet. Halbfette Seitenzahlen verweisen auf den Haupteintrag.

> SCHREIBEN SIE UNS

Liebe Leserin, lieber Leser,

wir setzen alles daran, Ihnen möglichst aktuelle Informationen mit auf die Reise zu geben. Dennoch schleichen sich manchmal Fehler ein – trotz gründlicher Recherche unserer Autoren/innen. Sie haben sicherlich Verständnis, dass der Verlag dafür keine Haftung übernehmen kann.

Wir freuen uns aber, wenn Sie uns schreiben.

Senden Sie Ihre Post an die
MARCO POLO Redaktion,
MAIRDUMONT, Postfach 3151,
73751 Ostfildern,
info@marcopolo.de

IMPRESSUM

Titelbild: Getty Images/Stone: Suzanne & Nick Geary
Fotos: Apostelhoeve: Julka Hulst (15 M.); Bisschopsmolen (14 u.); Branding Beach Club: Mark Peters (14 o.); Camping Waterhout Almere: Tineke Fokkens (12 u.); Citymarketing Utrecht: Merijn van der Vliet (13 o.); Getty Images/Stone: Suzanne & Nick Geary (1); E. Gugger (138); R. Hackenberg (2 r., 87); Teije van Hall (101 M. l.); HB Verlag: (75, 79), Kluyver (3 l., 3 M., 46, 69, 93, 107, 111); Huber: Dutton (40), Cristofori (94/95); © iStockphoto.com: Jovana Cetkovic (101 u. r.), Floortje (100 M. l.), Heizfrosch (100 u. r.), Bjorn Hotting (101 o. l.), Julia Krzaklewska (100 M. r.), Shaun Lowe (15 o.), Oliver Malms (15 u.), Brendan Veary (100 o. l.), Yurok (101 M. r.); Lennert Janssen (12 o.); T. Kliem (4 r., 6/7, 18, 22/23, 24/25, 36, 43, 49, 50, 54, 58/59, 63, 72, 80/81, 82, 90, 99, 106); U. Kluyver (U. M., 3 r., 5, 23, 28/29, 32, 35, 39, 45, 60, 102); I. Knigge (67); Laif: Gonzalez (22), Hemispheres (85), Laif/Hollandse Hoogte: Elzinga (65), Schaffer (4 l.), van Arkel (53); Laif/Reporters: van de Biezen (77); Mauritius: anp Foto (26), Higuchi (70/71), imagebroker.net (56, 88/89); H. Mielke (U. r., 8/9, 16/17); Niederländisches Büro für Tourismus & Convention: Bartruff (96/97); Sanne: Sanne Jansen (13 u.); T. Stankiewicz (11, 28, 29, 118/119); E. Wrba (2 l.); M. Zegers (U. l., 27, 30/31, 102/103, 103, 104/105)

6. (12.), aktualisierte Auflage 2011

Chefredaktion: Michaela Lienemann (Konzept, Chefin vom Dienst), Marion Zorn (Konzept, Textchefin)
Autorin: Elsbeth Gugger; Redaktion: Nikolai Michaelis
Programmbetreuung: Silwen Randebrock; Bildredaktion: Gabriele Forst
Szene/24h: wunder media, München
Kartografie Reiseatlas: © MAIRDUMONT, Ostfildern
Innengestaltung: Zum goldenen Hirschen, Hamburg; Titel/S. 1–3: Factor Product, München
Sprachführer: in Zusammenarbeit mit Ernst Klett Sprachen GmbH, Stuttgart, Redaktion PONS Wörterbücher

Printed in Hungary. Gedruckt auf 100% chlorfrei gebleichtem Papier

> UNSERE AUTORIN

MARCO POLO Insiderin Elsbeth Gugger im Interview

Elsbeth Gugger ist Korrespondentin des Schweizer Radios DRS und des Zürcher Tages-Anzeigers. Sie lebt seit 1992 in Amsterdam.

Wieso leben Sie in Amsterdam?

Die Grachtenstadt hat eine hohe Lebensqualität. Außerdem brauche ich kein Auto. Ich kann wirklich alles mit dem Fahrrad erledigen, selbst bei Wind und Wetter, und muss mich dank gut ausgebauter Radwege nicht mit den Autofahrern um mein Territorium streiten.

Wie geht es Ihnen in den Niederlanden?

Blendend! Dies ist ein Land der kurzen Wege: In einer halben Stunde bin ich am Strand (für eine Schweizerin eine aufregende Vorstellung!), in zehn Minuten stehe ich mit den Skates auf meinem Lieblingsdeich. Was will ich mehr?

Und was gefällt Ihnen nicht so?

Die schlechten Manieren auf Bahnhöfen: Man steht in Trauben vor den Eingangstüren, statt den Aussteigenden Platz zu machen. Und viele vergessen gerne, im Ruheabteil ihre Klappe zu halten.

Wo und wie leben Sie genau?

Ich wohne im östlichen Hafengebiet von Amsterdam, umgeben von modernen Bauten. Ich wundere mich schon lange nicht mehr über die ausländischen Architekturstudenten, die in mein Viertel pilgern. Der Weg in mein Büro in der Innenstadt an einer der drei Hauptgrachten ist der schönste Arbeitsweg, den ich je hatte: Ich radle durch das neu erschlossene Terrain des alten Hafens bis zum am Wasser gelegenen Bahnhof und dann weiter an den Grachten entlang.

Was machen Sie beruflich?

Als Korrespondentin für Schweizer Medien berichte ich über alles, was für meine alte Heimat interessant ist. Dazu gehören Themen aus Politik, Wirtschaft, Kultur – und bunte Geschichten. Gleichzeitig decke ich die internationalen Organisationen in Den Haag ab, verfolge also Prozesse am Internationalen Strafgerichtshof oder am Uno-Gericht.

Kommen Sie viel in den Niederlanden herum?

Ich reise ständig kreuz und quer durchs Land, interviewe hier einen Politiker, dort eine Fachfrau, besuche Ausstellungen oder sehe mir einen Betrieb an. Als Radiofrau bin ich auf O-Töne angewiesen. Das ist mir sehr recht, da ich lieber auf Reportage gehe, statt im Büro zu sitzen.

Was machen Sie in Ihrer Freizeit?

Amsterdam ist voller *beeldjes.* Viele dieser kleinen Statuen und Skulpturen stehen unbeachtet in Parks oder an Straßenecken. Für meinen Mann und mich ist es ein sonntägliches Vergnügen, neue Minidenkmäler zu entdecken.

> BLOSS NICHT!

Ein paar Tipps und Ratschläge, damit Sie nicht anecken

Erster Kontakt gleich auf Deutsch

In den Niederlanden wird Niederländisch gesprochen. Niemand erwartet aber von Ihnen, dass Sie dieser Sprache mächtig sind. Versuchen Sie, erste Kontakte auf Englisch zu knüpfen. In Holland spricht fast jede und jeder Englisch – oder versteht es zumindest.

Strandburgen graben

Die an der deutschen Nord- und Ostseeküste so beliebten Strandburgen sind an den hiesigen Stränden verpönt. Die Niederländer empfinden dieses „Territoriumabstecken" als deutsches Machtgehabe. Das niederländische Credo lautet: Der Strand ist für alle da.

Kippen einfach wegwerfen

In immer mehr Städten bekommen Sie eine saftige Buße, wenn Sie achtlos einen Zigarettenstummel auf den Boden werfen.

Fotos von Prostituierten machen

Machen Sie keine Fotos von Prostituierten. Die leicht bekleideten Damen hinter den Fenstern werden Sie zurechtweisen, wenn sie merken, dass Sie eine Aufnahme machen wollen. Schlagen Sie eine solche Warnung in den Wind, kann es durchaus passieren, dass die Frau (oder ihr Zuhälter) Sie verfolgt und versucht, Ihnen die Kamera zu entwenden. Und wundern Sie sich nicht, wenn auch die ganze Nachbarschaft dabei zuguckt und den Vorfall lautstark beklatscht!

Radfahrer ignorieren

Achten Sie in den Niederlanden immer und überall auf Fahrräder! Wenn Sie als Fußgänger unterwegs sind, benützen Sie immer den Gehsteig – sich zu Fuß auf den Radweg zu begeben, kann besonders in Städten wie Amsterdam gefährlich werden. Reagieren Sie in so einem Fall unbedingt auf Fahrradklingeln und gehen zur Seite.

Hundekot liegen lassen

Vielerorts werden Hundebesitzer zur Kasse gebeten, wenn sie den Dreck ihres Vierbeiners nicht beseitigen. Nehmen Sie also immer eine Plastiktüte mit, wenn Sie Ihren Vierbeiner Gassi führen.

Den Blick in den Rückspiegel vergessen

Bevor Sie zum Aussteigen die Autotür öffnen – auch auf dem Beifahrersitz oder dem Rücksitz –, müssen Sie sich zunächst immer vergewissern, ob nicht gerade ein Fahrrad vorbeikommt. Ein Fahrschüler fällt in den Niederlanden automatisch durch die Prüfung, wenn er die zwei obligatorischen Kontrollblicke in den Rück- und den Seitenspiegel vor dem Aussteigen vergisst.

Sich in Drogengeschäfte ziehen lassen

In den großen Städten werden Ihnen auf der Straße immer wieder Drogen angeboten. Gehen Sie nicht darauf ein!